AF348940

NOS VEMOS EN ALEMANIA

– El idioma no se admite como excusa –

Manuel Santos Varela

UNA DEDICATORIA

A quienes creen que los idiomas son una barrera infranqueable. Todos los idiomas. Y especialmente el alemán.

A quienes piensan que hay que estar loco para atreverse a viajar a un país extranjero sin más auxilio que un diccionario y un par de mapas. A cualquier país. Y especialmente a Alemania.

Con la esperanza de hacerles dudar.

Y a mis compañeras de aventuras por territorio alemán.

Con la esperanza de que vayamos más veces.

Y UN COMENTARIO

En la plataforma www.amazon.es tienes disponible este libro, con las fotografías en blanco y negro, y también una edición especial, de venta exclusiva a través de internet, con las fotografías a todo color.

La edición a todo color lleva en su portada un cartel con el texto "Edición en color" así como esta lleva el texto "Edición en blanco y negro". En alemán, los rótulos habrían sido "Vollfarbausgabe" y "Schwarzweiß Ausgabe".

Voll: lleno, completo.

Farbe: color.

Schwarz: negro.

Weiß: blanco.

Ausgabe: edición.

Bueno... ya hemos tenido la primera clase de alemán.

No hay nada tan sorprendente como conocer personas de otros países: resulta que son iguales que tú.

George Orwell.

ÍNDICE

Una dedicatoria.

0.– INTRODUCCIÓN.

1.– ¿ES DIFÍCIL APRENDER ALEMÁN?

2.– ¿ES UNA VENTAJA SABER INGLÉS?

3.– LA PRONUNCIACIÓN ALEMANA.

4.– CARTELES QUE NOS PODEMOS ENCONTRAR.

3.– ASUNTOS NUMÉRICOS.

4.– LAS EXPRESIONES QUE MÁS SE REPITEN.

5.– LISTAS PARA MEMORIZAR DE UN TIRÓN.

6.– LOS COLORES. *Die Farben.*

7.– ¿SE TE HABÍA OCURRIDO MEMORIZAR OPUESTOS?

8.– EN EL RESTAURANTE.

9.– ¿Y SI TENEMOS QUE DELETREAR?

10.– PREPARATIVOS.

11.– ¿ALQUILAMOS UNA CASA?

12.– LOS ESTADOS FEDERADOS. *Die Länder.*

13.– SEIS VISITAS RECOMENDADAS.

14.– GRAMÁTICA MÍNIMA.

15.– UN POCO DE HUMOR.

16.– ACABANDO.

Viajar es malísimo; sobre todo para los prejuicios.

Mark Twain.

0.- INTRODUCCIÓN.

Es posible que alguna vez hayas pensado que merecía la pena visitar Alemania. De ser así, te doy la razón sin dudarlo: Alemania está llena de sitios dignos de verse. Por ejemplos que no quede: el castillo de **Neuchswanstein** es espectacular (el camino para llegar andando desde **Hohenschwangau**, también); los castillos que bordean el alto y el medio **Rhein**[1] son menos famosos pero no son menos llamativos (yo destacaría la Fortaleza **Ehrenbreitstein** (*Fotografía 1*), desde cuya terraza puedes hacer las fotos más bonitas de tu vida, con **Koblenz** de fondo; las zonas boscosas de **Thüringen,** de **Nordrhein-Westfalen** o de **Baden-Würtenberg** se merecen tres o cuatro o veinte veranos y siempre te quedarán senderos por recorrer, valles por explorar, manantiales por descubrir (*Fotografía 2*); **Köln, Frankfurt, München, Aachen, Dortmund** ofrecen al paseante innumerables rincones, callejuelas, plazas (*Fotografía 3*); la frontera con Suiza rebosa belleza, tanto natural como arquitectónica; y no hemos hecho más que empezar la lista...

Pero también es posible que a continuación hayas dicho *"No me atrevo a ir porque los alemanes hablan un idioma muy difícil. No voy a entender lo que me digan. No voy a saber decirles nada. No voy a poder comprar ni una botella de agua. No voy entender los carteles que vea por la calle."*

La escena que imaginabas era algo así: *"Voy caminando por una calle peatonal, pongamos que hablo de*

---

[1] *Obviamente, para nosotros **der Rhein** es el río Rin.*

Stuttgart, *y diez o doce pasos por delante veo un cartel que dice*

BUCHHANDLUNG UND SCHREIBWARENGESCHÄFT;

igual me impresiono tanto al ver ese montón de consonantes que ni me atrevo a acercarme al escaparate."

Pues sí que sería una pena que no te acercases, porque de hacerlo te encontrarías una tienda de compraventa de libros raros y de toda suerte de artículos relacionados con la escritura, como ediciones exclusivas de bolígrafos de fabricantes alemanes (Lamy, Renzel, Faber–Graf), agendas de piel, calendarios perpetuos o plumas estilográficas de principios del siglo XX, amén de utensilios contemporáneos, periódicos, revistas y mapas de senderismo. O sea, la tienda perfecta para encontrarle a tu primo "el coleccionista" un regalo que lo deje mudo tres meses.

¿Y si aparece frente a ti un rótulo como este?

METZGEREI–WURSTWARENGESCHÄFT

¿También te vas a dejar asustar? *"Madre, qué miedo, yo ahí no me meto".*

Pues sería otra pena muy grande: si no entras, te estás perdiendo la tienda ideal para comprar unas auténticas salchichas alemanas de las buenas, de las caseras, de las que hacen a mano; no de las que fabrican en plan industrial mezclando cerdo con pollo, que son las que te van a vender en el SELBSTBEDIENUNGSLADEN.

¿Y había razón para tanto miedo? Sabiendo un poquito de vocabulario, la verdad es que no. Veamos:

BUCH: Libro

HANDLUNG: Comercio (No siempre incluye el concepto compraventa)

SCHREIB: Escritura

GESCHÄFT: Tienda familiar, comercio pequeño, con tres o cuatro empleados.

GEMETZEL: Matanza del cerdo

WURST: Embutidos

No era para tanto... Ahora resulta que no eran carteles indescifrables, ni mucho menos. De hecho, estaban bastante claros. Simplemente, a los alemanes les encanta escribir varias palabras seguidas, sin espacios ni guiones, dando origen por acumulación de términos a un nuevo sustantivo. Nosotros lo hacemos a veces: portaaviones, transatlántico, sacacorchos... ellos lo hacen por norma. A todas horas. Cualquier excusa les parece buena para empalmar cuatro o cinco palabras y escribirlas juntas.

¡¡Pero no hay que dejarse asustar por esa costumbre!!

Conclusión: haz tres cosas.

Primero, decide qué prefieres: ciudad o pueblecito en medio del bosque, maleta elegante o mochila, zapatos o botas de media montaña, hotel o camping.

Segundo, mete el miedo en un calcetín viejo y tíralo a la basura.

Tercero, no te olvides la documentación y arranca... Nos vamos a Alemania.

Fotografía 1

La manera más cómoda de subir a la fortaleza de *Ehrenbreitstein*: coger el teleférico que arranca en la orilla opuesta del *Rhein*, a doscientos metros del punto de confluencia con el *Mosel*. El monumento que se encuentra en dicho punto también merece una visita: la gigantesca estatua ecuestre dedicada al Emperador Guillermo (*Kaiser Wilhelm Denkmal*), incluida en un conjunto turístico muy llamativo, el *Deutsches Eck.*

Fotografía 2

En los bosques alemanes (**Thüringerwald, Teutoburgerwald, Schwarzwald** [2]), siempre te quedará algún camino por recorrer. Llévate dos pares de botas, por si acaso. Ah, por cierto, antes de que se me olvide: en el bosque, la belleza del cielo nocturno es sobrecogedora. En cuanto salga una noche despejada, olvídate del frío, olvídate de los bichos[3], olvídate del ruido que hacen las lechuzas, olvídate de que llevas toda la vida pisando cemento y baldosas: adéntrate de noche en el bosque, busca un claro y mira al cielo. Sí, sí, son las estrellas. No sabías que eran tan bonitas, ¿verdad?

---

[2] **Wald**: *bosque.* **Schwarzwald**: *bosque negro, bosque oscuro; aunque de hecho suele traducirse "Selva negra". Se llama así porque la vegetación es tan densa y algunos árboles son tan altos que incluso en verano a plena luz del sol impresiona la oscuridad que reina en las zonas más espesas. De noche, linternas que parecían potentes dan risa.*

[3] *En el bosque, las polillas nocturnas son muy abundantes y los murciélagos que las usan de cena, también. Piensa que jamás de los jamases han matado a nadie; ni las unas ni los otros.*

Fotografía 3 (Magnus Manske)

El inconfundible colorido de **Saarburg**, a 20 km de la frontera con Luxemburgo. Es muy interesante viajar por las zonas fronterizas y ver cómo se deja sentir a ambos lados la influencia del vecino. En esta fotografía, por ejemplo, podemos distinguir un letrero que está en francés; si cupiese la posibilidad de comparar **Saarburg** con alguna otra ciudad, sería con Colmar, que es francesa; si recorriésemos Alsacia y Lorena, veríamos que mantienen nombres, costumbres y gustos que delatan su pasado alemán.[4]

---

[4] *Resumiendo más de lo debido, fueron francesas de 1648 a 1870, alemanas de 1870 a 1918, francesas de 1918 a 1940, alemanas durante 5 años y otra vez francesas desde 1945 hasta el presente. Este pasado tan complicado sí que tiene algo bueno: en Alsacia y Lorena hay un gran número de personas que saben hablar tanto francés como alemán.*

1.– ¿ES DIFÍCIL APRENDER ALEMÁN?

La respuesta es obvia: ni sí ni no. Si te pones a estudiar alemán porque te obligan y con una motivación rozando el cero, te aseguro que te va a parecer tan difícil como tocar la guitarra llevando manoplas; pero si lo estudias porque te da la gana o porque quieres hablarlo un poco antes de irte a conocer **Hamburg** o **Bremen** o los preciosos pueblecitos del alto **Rhein**, te resultará tan entretenido que se te pasarán las horas y ni te darás cuenta.

¿Y por qué tiene tanta fama de ser difícil?

La respuesta también es obvia: tiene esa fama donde se hablan idiomas muy distintos; por ejemplo, en España. Y no la tiene donde se hablan idiomas emparentados, por ejemplo en Holanda. Es más, la sensación no es de dificultad, sino de extrañeza, y es recíproca hasta el extremo de que esa expresión que usamos los españoles cuando alguien nos explica algo rarísimo ("Me suena a chino"), en alemán se dice "Me suena a español", **"Das kommt mir Spanisch vor"**. Así que estamos en paz. Por cierto, también dicen "Me suena a español" islandeses, eslovacos, eslovenos, serbios y checos. Para mi gusto, los mejores son los chinos: cuando algo les suena muy raro dicen "Me suena a marciano".

En el caso del alemán visto con ojos españoles, la sensación de extrañeza la provocan, sobre todo, las declinaciones, los plurales y los verbos separables.

A.– Las declinaciones

Nos parecen un trabalenguas porque en español, en lugar de declinar, añadimos preposiciones ("Mi padre", "De mi padre", "Para mi padre", "Con mi padre"), de modo que las palabras "mi padre" permanecen invariables, ya formen parte del sujeto o de un complemento. El contraste con el alemán es realmente llamativo:

1. Mi padre compra un libro:

Mein Vater kauft ein Buch [NOMINATIVO]

2. El libro de mi padre:

Das Buch meines Vaters [GENITIVO]

3. Doy el libro a mi padre:

Ich gebe das Buch zu meinem Vater [DATIVO]

4. El libro sorprendió a mi padre:

Das Buch überraschte meinen Vater [ACUSATIVO]

En alemán, "***mein Vater***" no permanece invariable: "***mein Vater***" en NOMINATIVO (actúa como sujeto); "***meines Vaters***" en GENITIVO (actúa como un posesivo); "***meinem Vater***" en DATIVO (casi siempre corresponde a nuestro complemento indirecto); y "***meinen Vater***" en ACUSATIVO (casi siempre equivale a nuestro complemento directo).

No es el alemán el único idioma que utiliza declinaciones (aunque sí es el único que declina de DISTINTA manera los artículos, los sustantivos y los pronombres: podría decirse que utiliza un sistema de ocho declinaciones, que contemplan cuatro casos gramaticales). Los que vivimos la adolescencia en la década de los 70 tuvimos la ocasión de conocer otras declinaciones igual de famosas: las del latín (cinco declinaciones, seis casos) que era obligatorio en 2º de BUP. Y si alguien quiere estudiar un sistema de declinaciones más complejo que el alemán, sólo tiene que matricularse en ruso (doce declinaciones con seis casos) o en polaco (catorce declinaciones con siete casos). Dicho de otra manera: para un hispanohablante adulto que decide ponerse a estudiar un idioma extranjero, el alemán es una opción difícil, pero no es LA MÁS difícil. El que no se consuela es porque no quiere.

B.– Los plurales

Nos resultan muy chocantes porque en español tenemos asociado el plural a la letra "S". Los que empiezan a estudiar alemán ven la frase *"**Der Titel des Buches**"* y lo primero que les viene a la cabeza es "El título de los libros". Pues no: la frase está toda en singular: "El título del libro".

En alemán, lo más frecuente es que el plural acabe en "EN". Y las palabras acabadas en "ES" están en singular casi todas.

C.– Los verbos separables

Son desquiciantes hasta que de pronto te acostumbras a ellos y te parecen normales (yo aún no he alcanzado esa fase). Son desquiciantes porque en español no existe NADA ni remotamente parecido.

¿En qué consisten?

Imaginemos que en español existiesen verbos separables. Imaginemos que "alcanzar" lo fuese. La primera sílaba, "al", se diría al final de la frase. No diríamos "Yo sí que alcanzo esa repisa"; diríamos "Yo sí que canzo esa repisa al". No diríamos "Desde ahí no alcanzas ni con un palo"; diríamos "Desde ahí no canzas ni con un palo al".

Qué concepto tan curioso, ¿verdad? ¿A que sulta muy chocante re? La verdad es que a veces lo cuentro incluso divertido en. Sobre todo si no me lo guntan en examen pre.

¿Y los alemanes hablan realmente de esta forma tan rara? Sí, señor. Pero eso no es razón para asustarse ni para quedarse sin ver Alemania.

Concluyendo: no es cierta la afirmación "El alemán es un idioma muy difícil", pero sí que es cierta la afirmación "El alemán y el español son dos idiomas muy distintos".

Y porque sean muy distintos, ¿hay que agobiarse? No. No hay que agobiarse ni pizca; entre otras razones porque Alemania está llena de alemanes; y los alemanes, aunque sea manteniendo la cara seria – que suelen mantenerla –, lo cierto es que se van a desvivir por ayudarte, sobre todo si pides las cosas "sobreactuando lo bien educado que estás": con mucha cortesía y tratando a todo bicho viviente de usted. Que la gente se comporte de manera educada y ceremoniosa los enloquece de felicidad.

Lo dicho, ¿nos atrevemos a visitar Alemania? ¡Por supuesto que sí! ¡Andando!

2.- ¿ES UNA VENTAJA SABER INGLÉS?

Ya lo creo. Es una ventaja, y muy grande.

La frase "En Alemania sabe hablar inglés hasta el gato" es una exageración, claro que sí, pero... la verdad es que el porcentaje de alemanes que habla inglés con fluidez es muy alto. Esto, como es normal, se nota más visitando una ciudad grande y conectada con el mundo (**Berlin, Hamburg, Frankfurt, München**...) que visitando aldeas del tamaño de **Welschneudorf, Hayingen o Schwelentrup**. Pero incluso en pequeños pueblecitos con poca afluencia turística encuentras personas que hablan inglés con soltura.

O sea que la ventaja es mucha.

Pero... ¡Hay que tener en cuenta el carácter alemán!

Si de buenas a primeras, sin encomendarte ni a Dios ni al diablo, sin pedir permiso, entras en un sitio y te pones a hablar en inglés a la brava y en voz bien alta como si todo el mundo tuviese la obligación de entender lo que estás diciendo en ese idioma extranjero... es perfectamente posible que a todos los alemanes presentes les surja un imprevisto en ese instante y desaparezcan. El razonamiento es muy simple: *"¿Obligados a hablar en inglés? ¿Nosotros? ¡De eso nada! Ahora bien, si nos lo piden educadamente... ¿cómo nos vamos a negar?"*

Dicho de otra manera, si sabes hablar inglés, todo el alemán que necesitas aprender es una de estas dos frases:

1.   "Buenos días (*buenas tardes*), señor (*señora, señorita*), soy español (*española*), el idioma alemán me resulta muy difícil, ¿podemos hablar en inglés, por favor?"

"Guten Morgen (guten Abend), mein Herr (meine Damme, Fräulein), Ich bin Spanier (Spanierin), Deutsch ist wirklich schwierig für mich, bitte, können wir in Englisch sprechen?"

2.   Discúlpeme, el idioma alemán me resulta muy difícil, ¿podemos hablar en inglés, por favor?"

"Entschuldigen Sie mich, Deutsch ist wirklich schwierig für mich, bitte, können wir in Englisch sprechen?"

Y como por arte de magia todas las puertas se abrirán de par en par.

Espera, sé lo que estás pensando... ¿Cómo se pronuncia esa frasecita?

Tranqui. A eso vamos.

3.– LA PRONUNCIACIÓN ALEMANA.

¿Cómo se pronuncia un texto alemán?

No hay que engañarse: la pronunciación de alguien nacido en **Düsseldorf** no te va a salir de hoy para mañana. Igual que a un alemán no le saldría de un día para otro la pronunciación de alguien nacido en Burgos. Así que, en lugar de atosigarnos con cientos de detalles, vamos a simplificar las cosas: vamos a reescribir "lo que suena al hablar alemán" tal como lo escribiríamos con ortografía española (hasta donde sea posible) y vamos a añadir tilde a la sílaba tónica, aun a sabiendas de que en la ortografía alemana no existen las tildes.

Antes, vamos a ver cómo se pronuncia cada letra por separado. Empezamos:

VOCALES

1.	UNA VOCAL SOLITARIA Y SIN DIÉRESIS: Igual que en español.

2.	EU: OI, exactamente igual que en "oigo".

3.	EI: AI, igualito que en "aire".

4.	IE: I, como si la E ni la vieses. En realidad, es una I larga. No te agobies, tú di I.

5.	OE: La misma E oscura que usan los franceses en L'HEURE y que suena medio E medio O.

6.	EHE: Como si en español pusiese "íje" pero con la j MUY SUAVE, que casi no se oiga.

7.	Ä: Una A y una E sonando las dos a la vez. Si sientes como que te mareas, lo dejamos en "E".

8.	ÄU: Di "OI". Como si pusiese EU, igual.

9.   Ö: Pronúncialo igual que si pusiese OE y en paz.

10.   Ü: La famosa U francesa que parece medio I. Si no te sale, vale más que digas I antes que U. En la pronunciación figurada la dejaremos así "ü".

CONSONANTES

1.   B o W: La B de "burro". Claro que no se pronuncian exactamente igual pero esto no es un curso para aprobar el nivel B1 de alemán. No te calientes la cabeza; si pronuncias "B" te van a entender.

2.   F o PH (raro; casi no se usa): En ambos casos, la F de "falda".

3.   V: Entre B y F, pero mucho más cerca de pronunciar F que de pronunciar B. Si pronuncias la F de "falda" te van a entender. Si ves **Volkswagen** y pronuncias "Fólks - mínima pausa - báguen" todo el mundo te entiende sin ninguna duda. **Volks**: del pueblo; **Wagen**: coche.

4.   S o SS o ß: La S de "soso". No te agobies con diferencias mínimas.

5.   H: La misma J descafeinada que usan los ingleses para decir HOUSE.

6.   CH: Ni se te ocurra pronunciar la CH española de "charco". Si va PRECEDIDA de "a", de "o" o de "u", se pronuncia como nuestra J fuerte. Así, el número ocho [ACHT] se pronuncia AJT. En los demás casos, CH se debería pronunciar igual que el sonido que emitimos para decirle a alguien que se calle: SH. Así, el pronombre yo [ICH] se pronuncia ISH, no IJ. A la hora de la verdad, miles de alemanes pronuncian IJ.

7.   SCH: El sonido SH que usamos para pedir silencio.

8.   ZW: Como si dijeses "TSV" todo a la vez. Ánimo: la

lengua deja de doler al quinto intento. Así, el número dos [ZWEI] debería sonar TSVAI. No te apures. Te van a entender si ZW lo pronuncias SU. El número dos quedaría SUAI.

9.   G, DELANTE DE UNA VOCAL: Siempre el sonido G de "gato". Nunca nunca nunca nunca el sonido J de "gente".

10. G, TRAS UNA VOCAL: Suena fuerte. En unas regiones J y en otras K. Hay muchas palabras que acaban "–IG". Casi todos los alemanes pronuncian "–IJ"; pero si te vas muy al norte oirás "–IK". Mi teoría: por influencia holandesa.

11.   Z: El sonido español "Za, ce, ci zo, zu" no existe en alemán. La Z representa el mismo sonido S vibrante de las palabras francesas "poison (veneno)" o "zero". Vale más que pronuncies "SA, SE, SI, SO, SU" antes que "ZA, CE, CI, ZO, ZU".   Lo correcto: una S con las cuerdas vocales vibrando.

12.   J: No es exactamente el mismo sonido LL de "llave" pero no te cortes un pelo y pronuncia LL. Te entenderán.

13.   LL: Pronuncia una "L" y a correr.

14.   S inicial: Intenta pronunciar una S sin E delante. Por ejemplo para decir Spanien, intenta pronunciar "Shpánien" y no "Espánien". Esa E añadida delante de cada S nos delata a los españoles en cuanto abrimos la boca.

15. Terminación –ER: Si pronuncias "–er" te van a entender y si pronuncias "–a", también. Debería sonar "algo" intermedio entre "–er" y "–a", que por supuesto no existe en español y que vamos a simbolizar "–ar".

Venga, vamos a pronunciar la frase anterior:

1.   "Guten Morgen (guten Abend), mein Herr (meine Damme, Fräulein), Ich bin Spanier (Spanierin), Deutsch ist wirklich schwierig für mich, bitte, können wir in Englisch sprechen?"

Gúten mórguen (gúten áben), main jerr (maine dáme, fróilain), ish bin shpániar (shpaniérin), doitsh is bírclish shbiérij für mish, bite, quénen bir in énglish spréshen?

2.   "Entschuldigen Sie mich, Deutsch ist wirklich schwierig für mich, bitte, können wir in Englisch sprechen?"

Entshúldiguen si mish, doitsh is bírclish shbierij für mish, bite, quénen bir in énglish spréshen?

A continuación, un enlace recomendado para aprender a pronunciar frases "útiles y cortas".

Se llama EASY GERMAN – BASIC PHRASES:

https://www.youtube.com/watch?v=41YNYW4vgV8

Y un enlace para aprender a hablar alemán. Es una serie con guiones completamente descabellados y con personajes que parecen estar actuando para niños de seis años. No importa. Relájate y escucha. Es lo mismo que hiciste de pequeño: relajarte y escuchar. Y acabaste por aprender español, ¿o no?

Te pongo el enlace del capítulo uno.

https://www.youtube.com/watch?v=yhP3OT2hxAE

4.-CARTELES QUE NOS PODEMOS ENCONTRAR.

Una buena recopilación, por orden alfabético, de rótulos que se usan habitualmente en Alemania, en Austria y en la zona alemana de Suiza. Ya puedes entender todo lo que pone en la portada de este libro. Y más.

ABFAHRT: Salidas (trenes, aviones...)

ALLE RICHTUNGEN: Todas direcciones. Ver "IN ALLE RICHTUNGEN".

ANGELN VERBOTEN: Prohibido pescar

ANKUNFT: Llegadas (trenes, aviones:)

ANKLEIDEZIMMER: Guardarropa

ANLIEGER FREI: Aparcamiento exclusivo para residentes

ANSCHLUSS: Empalme de líneas de metro

APOTHEKE: Farmacia (Ojito con los horarios; a las 17.00 cierran casi todas) Símbolo: una *A* verde

ARZT: Médico

ARZNEIKÄSTCHEN: Primeros auxilios, botiquín, puesto de socorro

AUFZUG (AUFZÜGE): Escalera(s) mecánica(s)

AUSGANG: Salida (Puede poner sólo AUS, por ejemplo en los parking)

AUSKUNFT: Información

AUSVERKAUF: Liquidación, rebajas

AUSVERKAUFT: Vendido

AUTOBAHN: Autopista

AUTOHOF: Área de servicio en autopista (Suelen añadir los mismos iconos que en España. *Fotografía 4*)

Fotografía 4:

Incluso sin saber qué significa ***Autohof***, los iconos te lo dicen. En esta parada hay gasolinera, restaurante y taller mecánico. Por supuesto, siempre hay lavabos. Como en esta señal no pone 24/24, es posible que pasadas las cinco de la tarde no puedas echar gasolina pagando en mano a una persona que te cobre. Pasadas las cinco de la tarde, puede que sólo exista la opción de pagar con tarjeta de crédito. En Francia, en Bélgica, en Holanda... ocurre lo mismo. En Suiza son más exagerados todavía: las gasolineras pequeñas cierran desde las cinco de la tarde del viernes hasta las siete de la mañana del lunes. Durante el fin de semana sólo se puede repostar en las autopistas o en las grandes superficies comerciales. ¡Hay que tenerlo en cuenta!

AUTOVERMIETUNG: Alquiler de coches

BADEN VERBOTEN: Prohibido bañarse

BADESTRAND: Playa apta para el baño

BAHN: Tren

BAHNÜBERGANG: Paso a nivel

BAHNSTEIG: Andén

BAHNSTRECKE: Vía (Puede poner DIE GLEISE: Los raíles)

BAUARBEITEN: Obras

BÄKEREI: Panadería y repostería (Pan, pasteles, tartas, rosquillas...)

BEKLEIDUNG: Vestidos, ropa de señora

BENZIN: Gasolina

BESETZT: Ocupado

BETRETEN DES RASENS VERBOTEN: Prohibido pisar el césped

BEWACHTERPARKPLATZ. Parking vigilado

BIERGARTEN: Terraza de bar o restaurante para sentarte al aire libre a tomar algo. (Literal: El jardín de la cerveza)

BITTE ANKLOPFEN: Llame antes de entrar

BITTE ANSCHNALLEN: Átense, pónganse los cinturones

BITTE AUSDREHEN: Apaguen la luz

BITTE DRÜCKEN: Empuje

BITTE HIER DRÜCKEN: Empuje aquí

BITTE KLINGELN: Llame al timbre

BITTE NICHT STÖREN: No molesten (por ejemplo, a los enfermos)

BITTE ZIEHEN: Tire

BROTLADEN: Panadería (normalmente, sin repostería; para salir de dudas, hay que entrar: a veces te encuentras unos pasteles de concurso aunque en la puerta no ponga Bäkerei. *Fotografía 5*)

Fotografía 5:

Ah, pero.... ¿No habíamos hablado de la caligrafía medieval? En ese cartel tan bonito pone "*Schwälmer Brotladen*". En lugar de pensar "Lo que faltaba... utilizan una caligrafía que parece de otro sistema solar" lo que tienes que pensar es "Quiero ver esa fachada en persona y hacerme una foto junto a la puerta". Pues bien; aquí tienes todos los datos: cruce de la calle *Giesener (GießenerStrasse)* con la calle *Neustädter (NeustädterStrasse)*, junto al Café Hahn, en *Fritzlar*; 20 km al suroeste de *Kassel*, dirección *Frankfurt am Main*, autopista 49. Si entras en su página web:

http://www.schwaelmer-brotladen.de/

verás que fabrican ¡¡A MANO!! nueve tipos de panes, seis tipos de panecillos e incontables postres. Mi favorito sin dudarlo: el *Puddingbrezel*. Otra razón para que te animes a ir: "Tengo que probar un Puddingbrezel".

BÜCHEREI: Librería (nuevos)

BUCHHANDLUNG: Librería (nuevos, viejos, compra-venta, a veces comics...)

BUNDESAUTOBAHN: Autopista (*Bundes*: Federal)

BUSBANHOF: Estación de autobuses

BUSHALTESTELLE: Parada de autobús (Suele señalizarse con una gran H mayúscula de color verde sobre fondo amarillo)

BUS HÄLT: Parada solicitada

DAMEN: Señoras (Si vemos una puerta con una "D", ya sabemos qué significa)

DENKMAL: Monumento

DURCHGANG VERBOTEN: Prohibido pasar

DUSCHEN: Duchas

EINBAHNSTRASSE: Calle de dirección única

EINESPUR: Vía de sentido único

EINGANG: Entrada

EINKAUFSZONE: Zona comercial, tiendas

EINTRITT FREI: Entrada libre

EINTRITT OHNE ANZUKLOPFEN: Entre sin llamar

EINTRITT VERBOTEN: Entrada prohibida

EISSALON: Heladería

ELTERN HAFTEN FÜR IHRE KINDER: Permanezcan los padres con sus hijos (No hay vigilancia contratada en ese lugar; los padres deben velar por los niños)

EMPFANG: Recepción

ENDE DER GESCHWINDIGKETSBEGRENZUG: Fin del límite de velocidad (En algunos tramos de autopista, no hay limitación alguna. Eso quiere decir que si no eres capaz de ponerte a 220 km/h vale más que no te metas en el tercer carril. La experiencia de circular por la autopista Köln – Frankfurt a 170 km/h con un Passat es inolvidable... entre otras razones porque te adelantan hasta las furgonetas de reparto. *Fotografías 6 y 7*)

Fotografía 6:

En lugar de "ENDE DER GESCHWINDIGKETSBEGREN-
ZUG", que casi no daría tiempo a leerlo, lo más normal es que
pongan esta señal. No necesita traducción: "Fin de la
limitación de ir a 130 km/h. A partir de este punto, tú verás lo
que da de sí tu coche... o tu moto". Si coincide que hay poco
tráfico es una gozada. Si coincide que hay mucho tráfico es
una pesadilla: los lugareños corren como balas y tú tienes la
sensación de ser un cavernícola en medio de una carrera de
naves espaciales. Aunque la sensación más rara de todas es la
que se vive recorriendo la autopista Köln – Amsterdam:
durante el tramo alemán pisas el acelerador como no lo has
pisado en tu vida y al pasar la frontera y meterte en Holanda te
encuentras una autopista MUCHO MEJOR que la alemana
toda llena de carteles que dicen 90, 90, 90… Holanda la
recorres pensando "Soy un caracol, soy un caracol…"

Fotografía 7:

La autopista A3, a su paso por **Köln**. Un arcén inmenso, un carril lento, dos carriles normales para circular a 140 km/h y otros dos (más oscuros) para circular a 200 o 220 km/ h. Al segundo día te parece tan normal.

ERDGESCHOSS: Planta baja

ERSTE CLASE: Primera clase

ERSTE ETAGE: Primer piso

ERSTE HILFE: Primeros auxilios

FAHREN SIE ZUM NÄCHSTEN STOCK: Baje a la siguiente planta del parking

FAHREN SIE ZUM NÄCHSTEN DECK: Baje a la siguiente planta del parking

FAHRKARTEN: Billetes

FAHRKARTENVERKAUF: Taquillas, venta de billetes

FAHRPLAN: Horarios (trenes, barcos...)

FAHRSTUHL: Ascensor

FAHRER: Conductor

FÄHRE: Ferry

FEUERLÖSCHER: Extintor de incendios

FEUERTREPPE: Escalera de incendios

FISCHLADEN: Pescadería (No esperes ver muchas en la zona central de Alemania)

FLUG (FLÜGE) : Vuelo (vuelos)

FLUGGASTE OHNE GEPÄCK: Acceso para pasajeros sin equipaje

FLUGGESELLSCHAFT: Compañía aérea

FLUGHAFEN: Aeropuerto

FLUGSTEIG: Andén (ferrocarril) o Puerta de embarque (avión)

FLUGZEUG: Avión

FREI: Libre, desocupado, (puede significar gratis, aunque el idioma alemán ha adoptado la palabra española "gratis" y cada vez la usan más, hasta el punto de que en la publicidad escrita ya casi no se ve otra)

FREILICHTMUSEUM: Museo al aire libre

FRISCH GESTRICHEN: Recién pintado

FRISÖRSALON: Peluquería

FUNDBÜRO: Objetos perdidos

FÜHRER: Guía (Palabra en desuso, aunque se sigue usando en los museos)

FUSSGÄNGERZONE: Zona peatonal

FÜTTERN VERBOTEN: Prohibido dar comida a los animales (Puede ser BITTE NICHT FÜTTERN: Por favor no les dé comida)

GASÖL: Gasoil para motores diésel. (A veces, en el surtidor pone DIESEL). La normal es BENZIN.

GASTHOF: Fonda, comidas (La palabra Füttern se usa

sólo para referirse a la alimentación de los animales; nunca para referirse a personas. El verbo comer, referido a personas, es ESSEN. No lo busques en la palabra GASTHOF: GAST es "invitado", así que GASTHOF es "el lugar para los invitados". *Fotografía 8*)

Fotografía 8:

Es lo habitual – especialmente en las zonas cercanas a los Alpes – que las fachadas de las Gasthof estén pintadas de manera llamativa. La "*Gasthof Fraundorfer*", en *Garmish-Partenkirchen*, es un buen ejemplo. Por dentro, son locales de una limpieza ejemplar (Suiza está muy cerca y de los vecinos siempre se pega algo), en los que sirven unas comidas típicamente alemanas: sencillas y contundentes.
En este tipo de locales puedes entrar sin ningún temor aunque en alemán no sepas decir más que "*Guten Morgen*": van a hacer lo imposible por entenderte. ¡Garantizado!

GEFAHRENZONE: Zona peligrosa

GELDWECHSEL: Cambio de monedas (Se sigue viendo, a pesar del euro)

GEMÜSELADEN: Verdulería (puede o no ser a la vez

frutería)

GEÖFFNET: Abierto

GEPÄCKAUFBEWAHRUNG: Consigna

GEPÄCKAUSGABE: Despacho de equipajes

GERADEAUS: Siga recto (Aragonés: Tiáp'alante)

GESCHENKARTIKELLADEN: Tienda de regalos

GESCHLOSSEN: Cerrado. *Fotografía 9.*

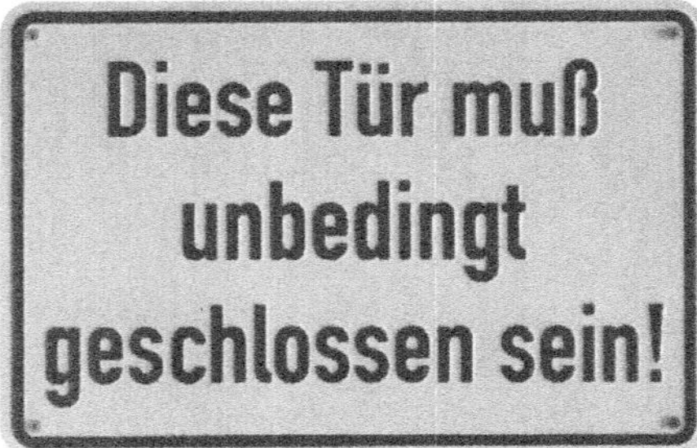

Fotografía 9:
Un nuevo matiz para la palabra "Geschlossen". En este rótulo (inusual) pone: "Esta puerta debe permanecer inexcusablemente cerrada". (Literal: Esta puerta debe en toda circunstancia cerrada estar). Siempre pienso lo mismo: para eso no hacía falta poner una puerta.

GETRÄNKE: Bebidas (La primera vez que entres en una gran superficie[5] , pensarás algo así como "Jamás me hubiese imaginado una sección de bebidas tan pequeña y tan cutre". Es normal que lo pienses. Es que las bebidas suelen estar en un edificio aparte. Como TRINKEN

---

[5] *No busques los nombres españoles, Hipercor, Alcampo... Estás en Alemania: REWE, TOOM, KAUFLAND, FAMILA, y el más grande de todos: REAL. El único nombre que no cambia es LIDL.*

es el verbo "beber", en la puerta pone GETRÄNKE o GETRAENKE o GETRAENKEMARKT. Allí es donde encontrarás las Coca-Colas[6], las naranjadas, los zumos con gas, los zumos sin gas, los vinos... Y también allí es donde encontrarás una inabarcable variedad de cervezas made in Germany. Atención a lo que sigue: no tires en ningún sitio los envases de vidrio: los devuelves a la tienda y te reintegran 15 o 20 céntimos por cada envase. Si emprendes viaje y no tienes más remedio que tirar algún envase, recuerda que hay contenedores específicos para vidrio verde, para vidrio transparente y para vidrio marrón, y recuerda que no pueden tirarse pasadas las 22.00 ni en festivo para no molestar a los que duermen. Ah... Alemania... Qué sitio tan curioso)

GLEIS: Vía, raíl.

HANDGEMACHTEN: Artesanía, hecho a mano

HEISS: Cálido, caliente (en los grifos pone "H") (Al menos, lo ponía en los grifos de hace cuarenta años: es una costumbre completamente en desuso; en los grifos modernos se pone un punto rojo)

HERREN: Señores (de modo que en las puertas también puede poner "H")

HOCHSAISON: Temporada alta

HOCHSPANNUNG: Alta tensión

HOTELRESERVIERUNG: Reservas de hotel

IN ALLE RICHTUNGEN: Todas direcciones (El "Toutes

---

[6] *"Una Coca-Cola", decimos nosotros cuando queremos pedir una en un bar o en un restaurante. "Acocá" es el equivalante francés. ¿Y el equivalente alemán? Escrito sería "Eine Cola". Pronuncia "Necóla" y pensarán que eres un extranjero que sabe hablar alemán bastante bien. Que seas alemán no lo va a pensar nadie porque para eso tendrías que haber pedido un litro de cerveza. "Ainmasbíar, bíte".*

directions" francés, que en España suele ser "Salidas de la ciudad".

Normalmente, sólo pone "ALLE RICHTUNGEN. (*Fotografía 10*)

Fotografía 10:

Cuando veas este cartel, ya sabes lo que significa. Salvo en autopista, la señalización alemana utiliza letra negra sobre fondo amarillo. Es la que mejor se ve con niebla.

JUGENDHERBERGEN: Albergue juvenil

KALT: Frío (en los grifos pone "K") (Al menos, lo ponía en los grifos de hace cuarenta años: es una costumbre completamente en desuso; en los grifos modernos se pone un punto azul)

KASSE: Caja (la de pagar, claro)

KAUFHAUS: Grandes almacenes

KINO: Cine

KIRCHE: Iglesia

KONDITOREI: Confitería, pastelería fina

KRANKENVERSICHERUNG: Seguro médico. Puede ser

privado o puede ser el equivalente a la Seguridad Social española.

KRANKENVERSICHERUNGSGESELLSCHAFT: Compañía de seguros médicos. GESELLSCHAFT: Compañía.

KRANKENWAGEN: Ambulancia (Literal: el coche de los enfermos; el **Wagen** de los **Kranken**)

KUNSTMUSEUM: Museo de bellas artes

KULTURZENTRUM: Información turística (Aquí sí que cometen un grave error los alemanes: la oficina de turismo de cualquier pueblecito francés le pega veinte mil vueltas a las oficinas de turismo de las ciudades alemanas. Sólo en **Hameln** – Hamelín – me encontré una oficina de turismo tan espectacular como las francesas, con cientos de alusiones al famoso cuento del flautista y las ratas, que son el símbolo de la ciudad aunque ahora no haya ninguna)

LANGSAM FÄHREN: Conduzca despacio

LEBBENSMITTELLADEN: Tienda de comestibles

LIEGEWAGEN: Coche–cama

LINKS: Izquierda

MARKT: Mercado

METZGEREI: Carnicería

MOLKEREI: Lechería

MUSEUM: Museo. Ejemplo típico para explicar que "EU" no siempre se pronuncia "OI". No se dice "Musoim" sino "Mu-se-am". "E-U" están en sílabas separadas; no forman diptongo.

NICHT ANRÜHREN: No tocar (No lo vayas a romper)

NICHT BERÜHREN: No tocar (No vayas a hacerte daño)

NICHT HINAUSLEHNEN: No asomarse

NICHT ÖFFNEN: No abrir

NORDEN: Norte

NOTAUSGANG: Salida de emergencia (Siempre en cartel verde)

NUR FUR FLUDGÄSTE MIT BORDKARTE: Pasajeros con carta de embarque

OBSTLADEN: Frutería

ÖFFNUNGSZEITEN: Horario de apertura

OSTEN: Este

PLATEN UND HIFI: Equipos de sonido

PARKEN VERBOTEN: Prohibido aparcar (A veces, sólo pone PARKVERBOT)

PARKPLATZ: Parking

PARKPLATZ NUR FÜR KUNDEN: Parking exclusivo para clientes

PASSKONTROLLE: Control fronterizo de pasaportes

POLIZEI: Policía

POLIZEIAMT: Comisaría

POSTAMT: Oficina de Correos

PREIS: Precio

PRIVATGRUNDSTÜCK: Terreno privado (Propiedad privada)

RASTPLATZ: Área de descanso en autopista (Si en el cartel pone RASTPLATZ en lugar de AUTOHOF, quiere decir que no hay más que bancos para sentarse y cuatro árboles para dar sombra. RASPLATZ suele llevar la coletilla BITTE SAUBERHALTEN, que traducido a mi manera quiere decir *"Por favor, no seas un guarro"*)

RATHAUS: Ayuntamiento (*Fotografía 11*)

Fotografía 11:
Suele merecer la pena visitar los ayuntamientos porque lo normal es que sean edificios de gran valor arquitectónico. En esta fotografía tenemos el impresionante **Rathaus** de **Hannover**.

RAUCHEN VERBOTEN: Prohibido fumar

RECHTS: Derecha

RESERVIERT: Reservado

RETTUNGSBOOT: Bote salvavidas

RICHTERAMT: Juzgados

RICHTUNG: Dirección

SAAL: Sala de espera

SACKGASSE: Calle sin salida

SCHALTER: Interruptor

SCHIFFSAGENTUR: Agencia náutica

SCHLAFWAGEN: Coche–cama

SCHLOSS: Castillo

SCHREIBWARENGESCHÄFT: Papelería, artículos de escritorio

SCHUHGESCHÄFT: Zapatería

SCHUHLADEN: Sección de zapatería en unos grandes almacenes

SCHULE: Escuela

SCHWIMMWESTE: Chaleco salvavidas

SCHWIMMBAD: Piscina

SELBSTBEDIENUNGSLADEN: Supermercado o Auto-servicio, según el contexto (Literal: almacén de productos que te sirves tú mismo) (La terminación LADEN está asociada al concepto "almacén" más que al concepto "tienda")

SPEISESAAL: Comedor

SPEISEKARTE: Carta de un restaurante (Capítulo 8)

SPEISSEZIMMER: Comedor

SPEISSEWAGEN: Vagón–restaurante

SPIELSTRASSE: Calle peatonal con zona de juegos para niños

SPIELWARENLADEN: Juguetería

STADTPLAN: Plano de la ciudad

STEINFALL: Peligro de desprendimiento de rocas

SÜDEN: Sur

TABAKLADEN: Tabaco, artículos para fumador, estanco

TANKSTELLE: Surtidor de gasolina

TANZLOKAL: Sala de fiestas

TAXIHASTELTELLE: Parada de taxis

TOILETTEN: Lavabos, servicios, baños

TÜR: Puerta

U–BAHN: Metro (Las entradas están señaladas con una gran "U" blanca sobre fondo azul. En Berlín es IMPRESCINDIBLE usarlo: por ejemplo, la línea S3 de Pankow a Schönenfeld tarda cincuenta minutos; andando serían más de siete horas.

UHR: Hora o reloj, según el contexto

UHRMACHEREI: Relojería (venta y taller)

UHRENGESCHÄFT: Relojería (venta)

UMKLEIDEKABINE: Probadores (A veces se usa en el sentido "Vestuarios")

UMBAU: Obras

UMLEITUNG: Desvío

UMSTEIGEN: Trasbordo

UNBEFUGTEN IST DER EINTRIT UNTERSAGT: Terminantemente prohibido entrar

UNBEFUGTEN IST DER EINTRIT VERBOTEN: Terminantemente prohibido entrar

VERBANDKASTEN: Botiquín, puesto de socorro

VERBOTENE FAHRTRICHTUNG: Dirección prohibida

VERKAUFSOFFENER SONNTAG: Abierto aunque sea domingo

VERSPÄTUNG: Retraso

VOLL: Ocupado, lleno

VOLLPENSION: Pensión completa

VORFAHRT: Prioridad

VORORTSVERKEHR: Cercanías

VORSICHT: Peligro

VORSICHT, BISSIGER HUND: Peligro, perro agresivo

VORSICHT, BISSIGE HUNDE: Peligro, perros agresivos

WARENHAUS: Grandes almacenes

WARTE (HIER): Espere (aquí)

WARTERAUM: Sala de espera

WARTESAAL: Sala de espera

WASCHRAUM: Cuarto de baño, aseos (Cada vez se usa menos esta palabra, que ha sido completamente desplazada por TOILETTEN)

WÄSCHEREI oder WASCHANSTALT: Lavandería (Se usan ambos sinónimos)

WEINKELLER: Vinatero

WERKSTATT: Taller

WESTEN: Oeste

WIR BAUEN UM: Obras (Literal: Estamos trabajando)

WURSTWARENGESCHÄFT: Charcutería

ZAHLUNG IM VORAUS: Pago por anticipado

ZAHNARZT: Dentista

ZEITPLAN: Horario

ZEITUNGEN: Periódicos, revistas

ZELTEN VERBOTEN: Prohibido acampar

ZIEL: Fin, límite

ZIMMER: Habitación, alojamiento

ZIMMER MIT FRÜHSTÜCK: Alojamiento con desayuno (El archiconocido "Bed and breakfast")

ZU VERKAUFEN: Se vende

ZU VERMIETEN: Se alquila

ZUGANG ZU DEN BAHNSTEIGEN: Acceso a los andenes

3.- ASUNTOS NUMÉRICOS.

3.1.– Aprendiendo a contar.

Hasta el veinte todo es normal; incluso se da un aire de familia con el inglés. A partir del 21, la gran sorpresa, los alemanes no dicen primero la decena sino la unidad: uno y veinte, dos y veinte, tres y veinte... Hay que prestar mucha atención cuando te dicen los precios en las tiendas porque puedes creer que te están diciendo 35 euros (*oigos*) y en realidad te están diciendo 53. Lo primero que oyes es la unidad; no la decena. Mucho cuidado también si te dicen en voz alta un número de teléfono (**Telephon nummer**): ¡Lo puedes apuntar al revés! Hay que pedir que te digan los números (Die Zahlen) de uno en uno: "**Bitte, sagen Sie mir die Zahlen eins nach dem anderen**". Literal "Por favor, diga usted a mí los números uno después de otro". **Nach**: Después.

1. **ein/eins,** *áin/áins, un/uno*
2. **zwei,** *tsvai*
3. **drei,** *drai*
4. **vier,** *fíar*
5. **fünf,**
6. **sechs,** *sejs*
7. **sieben,** *síben*
8. **acht,** *ajt*
9. **neun,** *noin*
10. **zehn,** *çen*
11. **elf,**
12. **zwolf,** *tsvolf*

13. ***dreizehn,*** *dráiçen*
14. ***vierzehn,*** *fíarçen*
15. ***fünfzehn***
16. ***sechszehn***
17. ***siebzehn***
18. ***achtzehn***
19. ***neunzehn***
20. ***zwanzig***
21. ***einundzwanzig***
22. ***zweiundzwanzig***
23. ***dreiundzwanzig***
24. ***vierundzwanzig***
25. ***fünfundzwanzig***
26. ***sechsunzwanzig***
27. ***siebenundzwanzig***
28. ***achtundzwanzig***
29. ***neunundzwanzig***
30. ***dreissig***
31. ***einunddreissig***
32. ***zweiunddreissig***
33. ***dreiunddreissig***
34. ***vierunddreissig***
35. ***fünfunddreissig***
36. ***sechsunddreissig***
37. ***siebenunddreissig***
38. ***achtunddreissig***
39. ***neununddreissig***
40. ***vierzig***

41.   *einundvierzig*

42.   *zweiundvierzig*

43.   *dreiundvierzig*

44.   *vierundvierzig*

45.   *fünfundvierzig*

46.   *sechsundvierzig*

47.   *siebenundvierzig*

48.   *achtundvierzig*

49.   *neunundvierzig*

50.   *fünfzig*

60.   *sechszig*

70.   *siebzig (se pierde « en »)*

80.   *achztig*

90.   *neunzig*

100.   *ein hundert*

200.   *zwei hundert*

300.   *drei hundert*

400.   *vier hundert*

1000.   *ein tausand*

2000.   *zwei tausand*

2000.   *drei tausand*

1724.   *Ein tausand und siebend hundert vierund-zwanzig*

2015. *Zwei tausand fünfzehn.*

3.2.– Los ordinales, que son bastante más fáciles que en español, también se usan; sobre todo para indicar las fechas, que se dicen siempre en ordinal, como en inglés. No se dice "Tres de agosto" sino "Tercer de agosto"

ERSTE, Primero
ZWEITE, Segundo
DRITTE, Tercero
VIERTE, Cuarto
FÜNFTE, Quinto
____TE,
ZEHNTE, Décimo
etc
LETZTE, Último

3.3.- Pesos y medidas para que te vayas de compras...

VIERTEL KILO, Cuarto kilo
HALBES KILO, Medio kilo
EINS KILO, Un kilo
DIE HÄLFTE, La mitad
EIN DRITTEL, Un tercio
EIN HALBES DUTZEND, Media docena
EIN DUTZEND, Una docena
ZWEI DUTZEND, Dos docenas
EIN HALBES LITER, Medio litro
EIN LITER, Un litro

... o para que te vayas al bar.

BITTE, EIN LITER VON BIER AUS DEM FASS, Un litro de cerveza de barril

BITTE, EIN MASSBIER,   Has dicho lo mismo pero más corto (*Fotografía 12*)

Fotografía 12:

Ein mass bier.

La típica jarra alemana de un litro. En realidad, donde más se usa es en Baviera. El contenido suele ser una Lager suave, de 4 o 5 grados. Si pides gaseosa (***Lemonade***) y te ven mezclarla con la cerveza, pensarán que eres un ser de otra galaxia y presumiblemente hostil.

BITTE, EIN BIT, Por favor, una botella de **Bitburger** o una caña (Te servirán un tercio; menos no cabe en la mentalidad alemana. En la mayoría de los restaurantes – si se trata de Baviera, en todos – si dices que quieres cerveza para acompañar la comida y no especificas otra cosa, te pondrán una jarra de un litro. En Bélgica hacen lo mismo; si no dices otra cosa, te van a poner un litro; además, en una amplia zona de Bélgica, el litro te lo van a poner de Grimbergen dubbel, que es la cerveza que ellos beben a todas horas. El que avisa...)

3.4.- ¿Y cómo se dice la hora? **Die Uhr.**

¿Qué hora es? **Wievil Uhr ist es?**

ES IST EINS UHR: Es la una

ES IST ZWEI UHR: Son las dos

ES IST DREI UHR: Son las tres

...etc

ES IST ZWÖLF UHR MITTAGS: Son las doce del mediodía

ES IST ZWÖLF UHR NACHTS: Son las doce de la noche

ES IST FÜNF NACH___X__: Son las__X__y cinco

ES IST ZEHN NACH___X__: Son las__X__y diez

ES IST VIERTIL NACH__X___: Son las__X___y cuarto

ES IST HALB NACH__X___: Son las__X__y media

ES IST FÜNF VOR___Y__: Son las___Y__menos cinco

ES IST ZEHN VOR___Y__: Son las___Y__menos diez

ES IST VIERTIL VOR___Y__: Son las___Y__menos cuarto

¿Cuánto tiempo dura la visita? **Wie lang ist die Besuch?** o **Wie lang ist die Tour?**

Acostumbrarse a hacer esta pregunta es muy importante: una cosa es ver un castillo a tu ritmo y otra cosa muy distinta es apuntarte a una visita guiada en alemán sin ser consciente de que dura tres horas. El castillo es el mismo pero no saldrás diciendo lo mismo. La visita guiada al **Burg-Eltz**, por poner un ejemplo, dura una hora y cuarto; sales diciendo que te ha parecido una preciosidad. Pero ojito con las visitas de tres y de cuatro horas, que también existen. Hay que asegurarse antes.

EINE VIRTEL STUNDE: Un cuarto de hora

EINE HALBE STUNDE: Media hora

EINE STUNDE: Una hora

ZWEI STUNDEN: Dos horas

DREI STUNDEN: Tres horas

EIN TAG: Un día

EINE WOCHE: Una semana

EIN WOCHENENDE: Un fin (**Ende**) de semana.

EIN MONAT: Un mes

EIN JAHR: Un año

ZWANZIG JAHRE: Veinte años

No confundir **Uhr** (La hora) con **Stunde** (Una hora)

DIE UHR: La hora (¿Qué hora es?)

EIN STUNDE: Una hora (Duración)

WIE LANG...?: ¿Qué duración...?

DIE ZEIT: El tiempo cronológico

DAS WETTER: El tiempo atmosférico.

Das Wetter heute ist gut: Hoy hace buen tiempo. Aunque los alemanes prefieren decir **Das Wetter heute ist schön**. Literal: El tiempo hoy está bonito.

3.5.- ¿Y la fecha? Siempre con el ordinal.

ERSTEN MARZ: 1 de Marzo

ERSTEN OKTOBER: 1 de Octubre

ZWEITEN FEBRUAR: 2 de Febrero

FÜNFTEN MAI: 5 de Mayo

FÜNFZEHNTEN NOVEMBER: 15 de Noviembre

ZWANZIGTEN DEZEMBER: 20 de Diciembre

DREIUNDZWANZIGTEN AUGUST: 23 de Agosto

Otras expresiones útiles...

GESTERN: Ayer

HEUTE: Hoy

MORGEN: Mañana

IM MORGEN: Por la mañana

IM ABEND: Por la tarde

4.- LAS EXPRESIONES QUE MÁS SE REPITEN

AUCH: También

AUF WIEDERSEHEN: Adiós

ABER: Pero

BITTE: Por favor

BITTE, DIE RECHNUNG: La cuenta, por favor.

BITTESEHR: De nada

DANKE: Gracias (formal)

DANKESCHÖN: Gracias (amigable, coloquial, informal, no te asustes si al oírlo por primera vez te parece que están cantando; es normal, se dice así: con tono cantarín)

ENTSCHULDIGUN: Perdón, disculpe

ENTSCHULDIGEN SIE MICH, BITTE: Discúlpeme, por favor

FÜR: Para (*Das ist für dich*: Esto es para ti. *Das ist für Sie:* Esto es para usted. *Das Linsensuppe ist für mich*: El guiso de lentejas es para mí. *Der Tee ist nicht für mich*: El té no es para mí)

GUT: Bien, de acuerdo, vale, OK

GUTEN ABEND: Buenas tardes o buenas noches. Sólo se dice "GUTEN NACHTS" si ya te vas a dormir.

GUTEN MORGEN. Buenos días. Es lo más normal del mundo decir sólo "MORGEN" cuando te encuentras a un conocido al que ves a diario, pero no cuando saludas a un desconocido o cuando entras en un sitio y saludas a los que están dentro. Es más, supongamos que eres de sexo masculino y te encuentras con una señora; si dices "GUTEN MORGEN, MEINE DAMME", aunque a ti te parezca raro ella se irá pensando "Qué extranjero más encantador. Qué bien educado. Y qué guapo". En Francia también es normal decir "BONJOUR, MADAME". Y en Italia "BON GIORNO, SIGNORA". Los únicos que hemos perdido la costumbre de decir "Buenos días, señora", somos nosotros. Otro asunto es que se te ocurra decirle "GUTEN MORGEN, MEINE DAMME" a una joven de 18 años. Probablemente pensará *"Dieser dumm ist im Tran"*, "Este merluzo está en Babia".

GUTEN TAG: Buenas tardes.

HALLO (Alóó...Alargando la o y en plan cantarín, festivo, como si acabase de tocarte la lotería): Hola (Cada día se usa más, aunque en teoría sólo debe usarse cuando saludas a personas con las que tienes mucha confianza; o sea, lo mismo que pasa en España)

ICH VERSTEHE NICHT: No entiendo

ICH MÖCHTE DAS (BITTE): Quisiera eso (por favor). Y si no sabes cómo se llama, lo señalas con el dedo... no pasa nada... es una frase muy útil en panaderías, fruterías, zapaterías, tiendas de todo tipo... Úsala, no te cortes, nadie se va a asustar, nadie va a pensar que eres idiota. *Ich möchte das... und das... und das... und halbes kilo von das...* Quisiera eso... y eso... y eso... y medio kilo de eso... No pasa nada. Añade siempre BITTE y en paz. Si vives quince días en Alemania aprenderás cómo se llaman las cosas y dejarás de pedirlas señalando con el dedo. Además, lo más probable es que te digan cómo se llama eso que estás señalando: intenta pronunciarlo, desconecta la timidez, no pasa nada si todo el mundo en la tienda se echa unas risitas. En alemán no existe la sílaba "Jor", no existe "ña", no existe "sue", no existe "za"; si se ríen, piensa cómo lo pasarían ellos intentando pronunciar "A Jorge le arañan las suelas de los zapatos"; propónselo a un alemán cuando tengas confianza suficiente con alguno; "*A Hodjgue le aganian las shuelash de los fapatosh*"; verás qué risa te entra a ti... ***Ich möchte das, bitte***... Memorízalo a fuego. Y úsalo. Te sacará de más de un apuro.

JA: Sí

MIT: Con

NICHTS ZU DANKEN: No hay de qué

NEIN: No

NICHT: Negación de un verbo. En alemán, se pone siempre al final. Yo no hablo francés: ***Ich spreche französich nicht***. Nosotros no bebemos vino: ***Wir trinken wein nicht***. Aunque también podría decirse ***Wir trinken kein wein***. Literal: nosotros bebemos ningún vino. El vino es tangible; el idioma francés es intangible; para referirse al hecho de que no hablas francés no vale la opción "***kein***". ***Wir essen kein Kraben***: no comemos gambas. También valdría ***Wir essen Kraben nicht***. A la chita callando, estás poniendo los cimientos para aprender alemán.

NUR: Sólo. Nada más que...

OHNE: Sin

ODER: O (***Wein oder beer?***, ¿Vino o cerveza?)

TSCHÜSS: Adiós, hasta luego, hasta la vista (amigable, coloquial, informal, tan cantarín como ***dankeschön*** o más)

VERZEIHUNG: Disculpe (éste es el "excuse moi" de los franceses) (*Fersáyung*)

VIELEN DANK: Muchas gracias

WANN?: ¿Cuándo?

WARUM?: ¿Por qué?

WAS IST DAS?: ¿Qué es eso?

WAS IST ES?: ¿Qué es esto?

WELCHE?: ¿Cuál?

WER?: ¿Quién?

WIE?: ¿Cómo?

WIEVIL?: ¿Cuánto?

WIEVIELE?: ¿Cuántos?

WIEVIL KOSTET DAS?: ¿Cuánto cuesta eso?

WIE GEHT´S?: ¿Qué tal? (tuteo, coloquial) (*Viguíts?*)

WIE GEHT ES IHNEN?: ¿Cómo está usted? (de usted, serio, formal)

WIE, BITTE?: ¿Qué?, ¿Cómo dice? (Es la forma más normal de pedir que te repitan algo que no has entendido. El "Bitte" no puede faltar) (*Bí, bíte?*)

WIE HEIßT DAS?: ¿Cómo se llama eso?

WIE HEIßEN SIE?: ¿Cómo se llama usted?

WIE HEIßT DU?: ¿Cómo te llamas tú?

Ich heisse….Klaus, Monika, Hans, Eva…

WO?: ¿Dónde? *Wo ist der Ausgang?* ¿Dónde está la salida? *Wo ist die Toilette, bitte?* ¿Dónde está el servicio? *Wo sind die Toiletten, bitte?* ¿Dónde están los servicios?

5.- LISTAS PARA MEMORIZAR DE UN TIRÓN

5.1.- Los siete días de la semana. **Die sieben Tage der Woche.**

MONTAG.... *Lunes*

DIENSTAG.... *Martes*

MITTWOCH

DONNERSTAG

FREITAG

SAMSTAG

SONNTAG.... *Domingo*

5.2.- Los doce meses del año. **Die zwölf Monate des Jähres.**

JANUAR.... *Enero*

FEBRUAR.... *Febrero*

MÄRZ

APRIL

MAI

JUNI

JULI

AUGUST

SEPTEMBER

OKTOBER

NOVEMBER

DEZEMBER.... *Diciembre*

5.3.- Las cuatro estaciones del año. ***Die vier Jahreszeiten.***

FRÜHLING.... *Primavera*
SOMMER.... *Verano*
HERBST.... *Otoño*
WINTER.... *Invierno*

5.4.- Unos pocos pronombres.

ICH.... *Yo*
DU (SIE).... *Tú (Usted)*
ER, SIE, (ES).... *Él, ella, (ello)*
WIR.... *Nosotros*
IHR.... *Vosotros*
SIE.... *Ellos, ellas*

La 3ª del plural no distingue género, como el THEY inglés, que tampoco lo distingue. En la 3ª del singular, además de masculino y femenino, también hay género neutro, como en inglés: ER, SIE, ES: *he, she, it*. La simetría con el inglés es obvia.

En el asunto de los géneros y de la equivalencia alemán – español vale más no entrar: en alemán se dice EL LUNA, LA SOL, EL CUCHARA, LA TENEDOR, LO VASO, LO PLATO, LO NIÑO... El chiste del inglés diciendo "Mi ha visto un lagartija subiendo por el tapia" se queda MUY corto si se compara con un español hablando alemán después de haber estudiado sólo quince días.

En general, DER, DIE, DAS: El, la, "lo". Pero eso no quiere decir que todo lo que en español es "el" en alemán deba ser "der". El Sol, por ejemplo, es *die Sonne*.

Lo mejor (imprescindible para quien quiera estudiar alemán en serio) es aprender cada sustantivo CON su artículo delante.

No memorizar Libro: Buch, sino Libro: *das Buch*. Lo libro.

No memorizar Vinagre: Essig, sino Vinagre: *der Essig*. El vinagre.

No memorizar Tenedor: Gabel, sino Tenedor: *die Gabel*. La tenedor.

Hace un momento hemos visto un ejemplo en el que los géneros tampoco coincidían...

der Ausgang... la salida.

6.- LOS COLORES. Die Farben.

BLAU: Azul

BRAUN: Marrón

DUNKEL: Oscuro

GELB: Amarillo

GOLDEN: Dorado

GRAU: Gris

GRÜN: Verde

HELL: Claro ("Hell" en inglés es el infierno. ¡Qué cosas! En alemán la palabra **Hell** te puede servir para elegir una camisa. **Ich möchte das hell**... Prefiero la clara. En algunos contextos se puede entender que HELL en lugar de "claro" es "brillante")

ORANGE: Naranja (¿Por qué todo el mundo pronuncia *óreinsh* y a continuación se extraña de que los alemanes no lo entiendan? La pronunciación alemana de esta palabra se parece MUCHO más a la francesa que a la inglesa)

ROSA: Rosa

ROT: Rojo

SILBERN: Plateado

SCHWARZ: Negro

WEISS: Blanco

7.- ¿SE TE HABÍA OCURRIDO MEMORIZAR OPUESTOS?

ALT – NEU: Viejo – nuevo

AUSSERHELB – INNERHALB: Fuera – dentro (También se usa *auss – inn*)

BESEZTZ – FREI: Ocupado – libre

BREIT – ENG: Ancho – estrecho

GEOFFNET – GESCHLÖSSEN: Abierto – cerrado (Si te encuentras un WEGEN UMBAU GESSCHLÖSSEN significa "Cerrado por obras"; WEGEN: "A causa de")

GUT – SCHLECHT: Bien – mal

HÄSSLICH – SCHÖN: Feo – bonito

HEISS – KALT: Caliente – frío

HELL – DUNKEL: Claro – oscuro

HIER – DORT: Aquí – allí

KLEIN – GROß: Pequeño – grande (En casi todos los restaurantes te van a dar a elegir los platos en versión *klein* o en versión *gross*. Si te pides un plato *gross* de macarrones no añadas segundo plato que no te va a hacer falta)

LANGSAM – SCHNELL: Despacio – deprisa (Para meterle prisa a alguien se dice *"Schnell, schnell!"*. Y para pedirle a alguien que te hable más despacio *"Können Sie mir bitte langsamer sprechen?"* Literal: ¿Puede usted a mí por favor más lento hablar?) (La terminación *"er"* actúa como aumentativo; *langsam*: lento, *langsamer*: más lento; *hell:* claro, *heller:* más claro; *breit:* ancho, *breiter:* más ancho)

LEICHT – SCHWER: Fácil – difícil

LINKS – RECHTS: Izquierda – derecha

MEHR – WENIGER: Más – menos (***Ich möchte bitte mehr Brot***: Quisiera más pan, por favor; ***Ich möchte bitte weniger Krabben***: Quisiera menos gambas, por favor; ***Ich möchte bitte weniger Erbsen***: Quisiera menos guisantes, por favor; ***Ich möchte bitte mehr Bier***: Quisiera más cerveza, por favor)

MIT – OHNE: Con – sin

NAH – WEIT: Cerca – lejos (***Es ist ein parking in der nähe?*** "¿Hay algún parking por aquí cerca?" Literal: ¿Ello está (hay) un parking en la cercanía? ***Es ist eine Apotheke in der nähe?*** "¿Hay alguna farmacia por aquí cerca?" En este ejemplo sí que coinciden el masculino y el femenino en ambos idiomas. (Un ejemplo bastante fácil de pronunciar bien a la primera: *Es ist áine Apotéque in der née?*)

NAß – TROCKEN: Mojado – seco

SÜß – BITTER: Dulce – amargo

UNTEN – OBEN: Abajo – arriba

UNTER – AUF: Debajo – encima

VIEL – WENIG: Mucho – poco

VOR – HINTER: Delante – detrás

VORHER – NACHHER: Antes – después.

Para decir "después" también se usa SPÄTER

No es un opuesto pero...

AB – BIS: Desde – hasta

8.– EN EL RESTAURANTE.

8.1.– Utensilios.

No vaya a ser que tengamos que pedir alguno. ***Bitte, Ich möchte…*** Con los que sean masculinos o neutros (DER oder DAS) añadimos **ein** y el nombre; con los que sean femeninos añadimos **eine** y el nombre. ¡Fácil!

Fácil, sí… pero eso es en el caso NOMINATIVO, cuando la palabra en cuestión actúa como sujeto de la frase: ***Ein Tisch, ein Trinkglass, eine Serviette…***

En cambio, al empezar la frase *"**Ich möchte**"*, el sujeto soy yo. Lo que quieras pedir debe ir en ACUSATIVO: ***einen*** (masculino), ***eine*** (femenino), ***ein*** (neutro). Sigue siendo fácil. Además, si lo dices en NOMINATIVO también te entienden; lo sé por experiencia. Es más, si te equivocas de género y en lugar de pedir "un mesa" pides "una mesa", también te acaban entendiendo.

Ejemplos: ***Bitte, Ich möchte ein Trinkglass. Bitte, Ich möchte eine Gabel. Bitte, Ich möchte ein Salzfass. Bitte, Ich möchte einen Teller.***

Y al entrar: ***Bitte, Ich möchte einen Tisch für (zwei, drei, vier…) Personen.***[7]

---

[7] *Si nos contestan una frase con la palabra WARTE, un número y la palabra MINUTEN, nos están diciendo cuántos minutos debemos esperar para que quede una mesa libre. Exactamente: WARTEN es el verbo esperar. Muy perspicaz. ¿Te das cuenta? ¡Estás aprendiendo a hablar en alemán! La clave es la misma de siempre: déjate la vergüenza en casa. Habla, habla sin miedo… Te acabarán entendiendo. Puedes creerme. **Du kannst mir glauben**. Literal: tú puedes a mí creer.*

"Personen" no es un error. Por si aún no lo habías notado, todos los sustantivos se escriben con mayúscula inicial. Lo repito: "En Lengua alemana, todos los Sustantivos deben con Mayúscula inicial escritos ser; tanto los Nombres propios como los Nombres comunes".

Vamos con la lista:

DAS ASCHENBECHER: Cenicero (Objeto histórico)

DAS MESSER: Cuchillo

DAS SALZFASS: Salero

DAS TRINKGLASS: Vaso

DER LÖFFEL: Cuchara

DER TELLER: Plato

DER TISCH: Mesa

DIE GABEL: Tenedor

DIE SERVIETTE: Servilleta

DIE WASSERKANNE: Jarra de agua

8.2.– Bebidas (Getränke) y comestibles básicos.

DER APFELWEIN: Sidra

DAS BIER: Cerveza

DAS BIER AUS DEM FASS: Cerveza de barril

DAS BROT: Pan

DIE EIER: Huevos

DER ESSIG: Vinagre

DER GEKOCHTERSCHINKEN: Jamón de york

DAS LEMONADE: Lo que nosotros llamamos Gaseosa.

DIE MEERES: Marisco, en su acepción más amplia. Se corresponde con el francés "Fruits de mer".

DAS OBST: Fruta

DER ORANGEADE: Naranjada con burbujas

DER ORANGENSAFT: Zumo natural de naranja

DER RÄUCHENSCHINKEN: Jamón "parecido" al español.

DER ROTWEIN: Vino tinto (En la sección de vinos tintos te encontrarás un montón de botellas... ¡Españolas!)

DAS SALZ: Sal

DAS WASSER: Agua (¡Ojo! Si se pide MINERALWA-SSER, en casi toda Alemania se sobreentiende CON gas. Hay que pedir MINERALWASSER OHNE GAS si se quiere sin gas. También puede decirse OHNE KOHLENSÄURE: sin ácido carbónico. **Kolh**: carbón; **Säure**: ácido)

DER WE N: Vino

DER WEISSWEIN: Vino blanco (En la zona fronteriza con Alsacia es donde más se consume. Las variedades *Gewürztraminer* y *Riesling* – las mismas de la Alsacia francesa – son las más fáciles de encontrar, sobre todo en las regiones bañadas por el **Rhein** y el **Mosel**. Son vinos afrutados y de paladar suave. Puedes beberte una botella de buen Riesling en el margen 8 a 20 euros, y una botella excelente en el margen 20 a 50, pero por una botella de la añada de 1976 se pagan dos mil o más y por una **Prum Wehlener** del año 2000 se pagaron en subasta 4.500. A partir de la variedad **Gewürztraminer** se obtiene una variedad excepcional de aguardiente, llamada *Marc de Gewürztraminer* en Alsacia y **Schnapps Gewürztraminer** en Alemania, emparentada con la Grappa del Veneto y con los orujos gallegos obtenidos a partir de albariño. Todo esto lo explico para QUIENES

NO CONDUZCAN. Si bebes… no conduzcas. Ni en broma)

DER ZUCKER: Azúcar

Ya sabes: **Bitte, Ich möchte ein(en)(e)**… y añades lo que sea. Te entenderán.

Ejemplo: **Bitte, Ich möchte eine Riesling Weisswein Flasche**.

Vaya, no estaba en la lista… DIE FLASCHE: Botella

8.3.– Términos de cocina.

BLUTEND: Vuelta y vuelta. El "saignant" de los franceses. O sea, casi crudo

EIERSPEISE: En tortilla

ENGLISCH: Poco hecho

GEDÄMPF: Al vapor

GEBAKEN: Frito

GEBÜRZT: Estofado

GEGRILLT: A la brasa

GEHACKT: Picado

GEKOCHT: Hervido

GEPÖKELT: Adobado

GESALZEN: Asado

GULASH: Guisado

GUT DURCHGEBRATEN: Muy hecho

HALB DURCHGEBRATEN: Medio hecho

IM EINEGEN SAFT: En su propio jugo

IM OFEN: Horneado

JÄGER ART: A la cazadora

PANIERT: Empanado

PAPRIKAGULASH: Guisado con pimentón picante

PFEFFERSOSSE: Salsa de pimienta

RAGOUT: Guisado

ROH: Crudo

SCHNITZEL: Empanado al estilo austriaco (harina, pan rallado muy fino, huevo, sal y pimienta)

SUPPEN: Sopas

VORSPEISENPLATTE: Surtido de entremeses crudos y empanados

8.4.– LOS PESCADOS. *Die Fische.*

DIE AUSTERN: Ostras

DIE FORELLE: Trucha

DER KABELJAUS: Bacalao o merluza (Sí, sí, ya lo sé... Para un español es inconcebible confundir un bacalao con una merluza, pero en la Alemania del interior se consume POQUÍSIMO pescado. Con la palabra KABEL-JAUS se refieren tanto al bacalao como a la merluza porque ambos los usan para rebozar en rodajas. El paraíso de los comedores de pescado – amén de Japón – es el norte de España y el norte de Francia. Respecto a la Alemania del interior, la Alemania de bosque y granja... He estado en pueblos de casi mil habitantes en los que no había NINGUNA pescadería. He estado en restaurantes en los que no había NINGÚN plato que incluyese pescado, como no fuese trucha)

DIE KRABBEN: Gambas

DER LACHS: Salmón

DIE MIESMUSCHELN: Mejillones (Se repite lo anterior. ¿Quieres comer mejillones excepcionales? Vete a Galicia o a Bretaña. Si los quieres comer en Alemania tiene que ser muy al norte, cerca de la frontera holandesa o cerca de **Kiel.**)

DER PETERFISCH: La traducción oficial es "Gallo". Bueno, pues no es un gallo. Si te ofrecen **Peterfisch** en algún restaurante y te animas a pedirlo, no te asustes cuando lo veas en el plato. No es un gallo y además es un pez feísimo. Pero es muy sabroso. Lo suelen hacer a la brasa y con mucha sal.

DIE SEEHECHT: Merluza. Si vas muy al norte (**Kiel, Hamburg**, la isla de **Rügen**) te encontrarás algo muy raro: alemanes que sí consumen pescado y que sí saben distinguir el bacalao de la merluza. Reservan la palabra KABELJAUS para el bacalao y a la merluza la llaman SEEHECHT. Si esto se lo intentas explicar a un granjero de **Baden-Würtemberg** pensará que le estás tomando el pelo.

DER SEETEUFEL: Rape.

DER THUN oder THUNFISCH: Atún

DIE SEEZUNGE: Lenguado. En la zona de Kiel pescan unos lenguados que fácilmente superan los tres kilos por pieza y que después de troceados, rebozados y pasados por aceite hirviendo, sirven con ensalada y trocitos de pan tostado. Para acompañar el plato te pides una **Erdinger Dunkel Weissbier** (*Fotografía 13*) y si te pilla el fin del mundo que sea después de haber comido. ¿Quieres un sitio concreto? El restaurante "**Fischers Fritz**", **MartenshofwegsStrasse 2**, junto a la esquina con **MeldorferStrasse, Kiel**.

Fotografía 13:

Erdinger Dunkel Weissbier.

Dunkel porque es oscura y ***Weiss*** porque está hecha de trigo. Los que dan por supuesto que un plato de pescado pide vino blanco, invariablemente no la han probado.

Y ya que estás en **Kiel**, no te pierdas[8], en la playa de **Laboe**, la visita al interior del U 995, un submarino típico de la Segunda Guerra Mundial.[9] Esta visita puede ser literal y absolutamente INOLVIDABLE para una persona claustrofóbica. (*Fotografía 14*)

---

[8] El precio de entrada es ridículo: 4€, como máximo. Los jubilados pagan menos, los menores pagan menos...

[9] Empezando a andar en la taquillas del submarino, y recorriendo más o menos medio kilómetro con el mar a tu izquierda, llegarás a un camping fuera de serie, con las tiendas más atrevidas a ras de oleaje. Estamos hablando del Báltico: coge la temperatura del agua de Menorca y réstale trece o catorce grados. El único camping igual de emocionante es el de Chamonix, pegadito a la falda del glaciar. Ay... con los años se vuelve uno muy comodón; cómo echo de menos el saco de dormir de alta montaña, con aquella preciosa etiqueta que avisaba para qué estaba diseñado: de +10ºC a -10ºC.

Fotografía 14:

Varado para siempre en la playa de **Laboe,** el U 995 forma parte del Museo de la Marina. La única visita comparable en territorio europeo es el submarino francés "Espadón", que puede verse en Saint Nazaire, pero a sabiendas de que el U 995 es más claustrofóbico. Al fin y al cabo, el U 995 es un Clase VIIc, un submarino con la tecnología diésel de la década de 1930, mientras que el "Espadón" es un diseño híbrido de 1960 que simula con baterías de alto rendimiento las características operativas de los submarinos nucleares.
El U 995 tiene 67 m de eslora (longitud) por 6'6 de manga (anchura) mientras que el "Espadón" supera los 78 de eslora por los 7'5 de manga. Es muy interesante visitar ambos, comparar, e imaginarse uno a sí mismo trece o catorce semanas allí encerrado con otros 60 humanos sudorosos, comiendo y cenando patatas y con el agua racionada. Ya que sale el tema, al finalizar la Segunda Guerra Mundial sólo volvieron a casa quince de cada cien hombres de la Fuerza Submarina Alemana. Sí, sí, ya lo sé, luchaban en el bando equivocado... pero el valor está fuera de duda.

8.5.– LAS PASTAS. *Die Nudeln.*

Ha llegado el momento de desvelar un secreto.

Señoras, señores, Alemania es... ¡¡El paraíso de la cocina italiana!! Sí, sí, has leído bien. Los mejores macarrones con salsa picante. Las pizzas más espectaculares. Lasañas tan gordas que tumbarían a Shrek... No sigo, que me pongo nervioso. (*Fotografías 15 y 16*)

NUDELN: Pasta en general y fideos en particular.

VIESECKiGENNUDELN: Tallarines.

Para lo demás, se usan las palabras italianas: pizza, calzone, ravioli, macaroni, lasagna, fussilli.

Fotografía 15 (*Mathias Haupt*):
Ensalada fría de macarrones gigantes con tomates Cherry, perejil, cebolleta y salsa de Chilis picantes. Originalidad, imaginación, arte... ¡Qué hambre me está entrando!

Fotografía 16:

La pizza española y olé: *"Spanische Pizza"*. Chorizo picante, guindillas picantes y maíz. Cuando le añaden carne picada, la llaman *"Mexicaner Pizza"*. Por concretar un ejemplo, la preparan a las mil maravillas, y en formato 40 cm para que puedas invitar a los amigos, en "Pronto pizza", *HauptStrasse 12B, Lübben*, 96 Km al sur de Berlín. Recorres *HauptStrasse* de este a oeste, al llegar a la tienda Vodafone giras a la izquierda, entras en *JudengStrasse* y antes de que recorras veinte metros verás el parking a tu izquierda. Ya sólo falta que te lleve de la mano. Después de comer, echas a andar con rumbo sur (uno ocho cero)[10] y cuando llegues al río alquilas una barca de remos en ese edificio rojo que tienes a tu derecha y te das un paseo acuático por el *Hauptspree*, que es un maravilloso remanso de paz rodeado de bosque a izquierda y derecha (*Fotografía 17*). Si lo prefieres, también hay grandes barcazas turísticas con un remero profesional en la popa; como un gondolero pero sin pasarse todo el día cantando "Oh, Sole mío...". ¿Qué te parece el plan?

---

[10] Norte: 000, Este: 090, Sur: 180, Oeste: 270. El mismo círculo que se usa en trigonometría sexagesimal.

Fotografía 17:

Para recorrer a remo el *Hauptspree* no hace falta haber participado en unas olimpiadas; sus aguas forman un espejo perfectamente plano y avanzan hacia el norte sin ninguna prisa. Lo dicho: un remanso de paz que te deja el espíritu como nuevo. Hablando de todo un poco, o ya que me tiro de la lengua a mí mismo, aunque todo el mundo se imagine el cielo en tonos azules, yo siempre me lo imagino verde, muy verde, con miles y miles de árboles. No, no tengo hora reservada en psiquiatría.

8.6.– CARNES. *Die Fleisch.*

HACKFLEISCH: Carne picada (suele ser ternera y cerdo a medias)

HÜHNCHEN: Pollo (Esta palabra jamás la pronunciarás como un alemán. No pasa nada; ellos tampoco son capaces de pronunciar "abejorro")

GLUCKE: Gallina

KALB: Ternera

LEBEN: Hígado

LEBERWURST: Paté de foi–gras

LENDENSTÜCK: Solomillo

NIEREN: Riñones

RIPPEN: Costillas

SCHWEIN: Cerdo

STEACK: Filete

TRUTHAHN: Pavo

WURST: Embutido o salchicha, según el contexto

8.7.– VERDURAS. *Die Gemüse.*

ARTISCHOKEN: Alcachofas

AUBERGINE: Berenjena

ERBSEN: Guisantes

KARTOFFELN: Patatas

LATICH: Escarola

LINSEN: Lentejas

MANGOLD: Acelga

PILZE: Champiñones (en general, setas)

SAUREGURKEN: Pepinillos (Los envasados suelen ser agridulces, en lugar de avinagrados. En Alemania no tienen ningún éxito los sabores avinagrados y encontrar unos pepinillos, unas aceitunas o unas cebolletas como las nuestras es muy difícil; pero si has ido a Alemania no será para comer aceitunas españolas, digo yo; ya las comerás cuando vuelvas)

SPARGEL: Espárragos

ZUCHINNI: Calabacines

ZWIEBEL: Cebolla

8.8.– QUESO. *Der Käse.*

BLAUSCHIMMELKÄSE: Azul (En muchas tiendas verás la abreviatura **Schimmelkäse**, a la que curiosamente le han quitado **Blau**: azul. ¡Qué cosas!)

FRISCH: Fresco (***Ich möchte viertel kilo von Frischkäse, bitte***: Quisera cuarto kilo de queso fresco, por favor). A nosotros nos parece raro, pero los oídos alemanes prefieren "***Bitte***" al principio mejor que al final. Acordarse de eso ya es para nota porque nosotros estamos acostumbrados a decirlo siempre al final.

HART: Curado, fuerte y duro. Un manchego no lo vas a encontrar en Alemania, pero casi casi.

KÄSEBROT: Bocadillo de queso.

KÄSEKUCHEN: Denominación genérica. Cualquier tarta o postre que incluya queso en la receta, puede llamarse así.

QUARK: **Quarkkäse** sirve como sinónimo de **Frischkäse**. Yo diría que "**Quark**" se usa menos.

STREICH: De untar

SCHAFSKÄSE: Queso de oveja.

TROCKEN: Entre semicurado y curado

ZIEGENKÄSE: Queso de cabra.

Observación: la palabra **Käse** es la traducción correcta tanto de "queso" como de "quesos". Cambia el artículo: **der Käse, die Käse.**

8.9.– DESCIFRANDO LA CARTA. Die Speisekarte.

Como ya hemos dicho, Alemania es el paraíso de la cocina italiana. Hay infinidad de Pizzerías, con cocineros que se toman muy en serio su trabajo. Es verdad que a veces inventan cosas harto extrañas... "Pizza de fruta fresca", con piña, manzana, pera, plátano... Es muy extraña hasta que la pruebas y dices "Que me preparen otra que me la llevo a casa". Así que, habiendo tantas Pizzerías, es muy fácil encontrar cartas que apenas necesitan traducción, como la que puede verse en la fotografía 18.

Fotografía 18:

Speisekarte de la Pizzería "Roma", *MoskauerStrasse 1*, *Weimar*. Es un buen ejemplo de carta fácil de entender. Pero, si decides probar un restaurante cien por cien alemán, te puedes encontrar cartas como la del Restaurante *Eichenhof, BremerStrasse 320, Hamburg.* (*Fotografía 19*)

Speisekarte

Suppen

Klare Fleischbrühe mit Einlage	€ 3,90
Tomatencremesuppe mit Sahnehaube	€ 4,20
Kartoffel-Lauchcremesuppe	€ 4,20

Vegetarisch

Backcamembert mit Preiselbeeren, Salatbeilage, Toast und Butter	€ 8,50
„Gemüsepfanne", Rahmgemüse mit Käse überbacken, Knoblauchbrot	€ 9,50
Ofenkartoffel mit Sour Cream und Salatbeilage	€ 5,50

Frische Salate

Gemischter Salat in Essig- und Ölmarinade	€ 3,90
„Gemischter Salatteller", Tomaten, Salatgurke, Eisbergsalat, Mais, Rote Zwiebeln und Ei mit American-, French- oder Essig-Öl-Dressing	€ 4,60
„Chefsalat", verschiedene Salate mit gekochtem Schinken, Käse, Ei, Dressing und Knoblauchbrot	€ 9,00
kleine Portion	€ 6,90
„Amerikanischer Salat", verschiedene Salate mit gebraten Putenbruststreifen, Käse, Ei, Dressing und Knoblauchbrot	€ 10,00
kleine Portion	€ 7,90

Eichenhof-Klassiker

Schweinshaxe mit Sauerkraut und Salzkartoffeln	€ 14,50
„Eichenhof Toast", Rumpsteak (160 g) auf Toast mit Tomaten und Käse überbacken	€ 15,50
Bauernfrühstück	€ 8,50
kleine Portion	€ 6,00
Grützwurst mit Bratkartoffeln und Apfelmus	€ 8,50
Rinderleber mit Schmorzwiebeln, Apfelmus, Kartoffelpüree oder Bratkartoffeln	€ 9,70
Große Currywurst mit Pommes-frites	€ 7,00
mit Bratkartoffeln	€ 7,70
Sauerfleisch mit Bratkartoffeln und Remouladensoße	€ 9,80
kleine Portion	€ 7,30
„Börsenteller", Frikadelle mit Spiegelei, Gemüse und Bratkartoffeln	€ 9,70
Roastbeef „kalt", rosa gebraten mit Bratkartoffeln und Remouladensoße	€ 15,80
kleine Portion	€ 13,30

Fischgerichte

Matjesfilets „Hausfrauen Art" in Schmand mit Zwiebeln, Äpfeln und Gurken dazu Bratkartoffeln	€ 10,80
3 Matjesfilets mit Ofenkartoffel und Sour-Cream, Salatbeilage	€ 8,90
Zanderfilet gebraten, auf Rahmgemüse mit Salzkartoffeln	€ 17,30
Forelle „blau" (ca. 300 g) mit Sahnemeerrettich, zerlassener Butter und Kopfsalat in Rahm mit Salzkartoffeln	€ 16,50
Forelle „Müllerin" (ca. 300 g) mit Sahnemeerrettich, zerlassener Butter und Kopfsalat in Rahm	€ 16,50
Kabeljaufilet gedünstet, Spinat mit Senfsoße und Salzkartoffeln	€ 16,70
„Hamburger Pannfisch", verschiedene Fischsorten gebraten, auf Bratkartoffeln mit Senfsoße und einer gebratenen Garnele	€ 15,80
Scholle „Finkenwerder Art" mit magerem Speck, Bratkartoffeln und gemischtem Salat	€ 15,50

Steak- Spezialitäten

Rumpsteak mit Kräuterbutter, Zwiebeln, Champignons und gemischtem Salat	(200 g)	€ 21,10
	(250 g)	€ 23,90
Rumpsteak mit Pfeffersoße und gemischtem Salat	(200 g)	€ 20,10
	(250 g)	€ 22,90
Rumpsteak mit Kräuterbutter, Knoblauchbrot und gemischtem Salat	(200 g)	€ 19,50
	(250 g)	€ 22,30
„Filetpfanne", drei Medaillons vom Schweinefilet mit Gemüse und Champignonrahmsoße		€ 16,50
Pferdefiletsteak mit Zwiebeln und Gurkensalat mit Salzkartoffeln	(200 g)	€ 22,00
	(250 g)	€ 24,80

Zu allen Steakgerichten servieren wir Ihnen wahlweise Bratkartoffeln, Pommes-frites, Salzkartoffeln, Kroketten oder eine Ofenkartoffel mit Kräuterdip.

Appetit auf Schnitzel

Schweineschnitzel „Jäger Art", paniert, mit Champignons, Rahmsoße und Gemüse	€ 14,20
Schweineschnitzel „Holstein", paniert, mit einem Spiegelei und Gemüse	€ 14,00
Putenschnitzel mit Sc.Hollandaise und Mischgemüse	€ 14,50
Schweineschnitzel „Wiener Art", paniert, mit gemischtem Salat	€ 13,50

Zu allen Schnitzelgerichten servieren wir Ihnen wahlweise Bratkartoffeln, Pommes-frites, Salzkartoffeln, Kroketten oder eine Ofenkartoffel mit Kräuterdip.

Große Getränkekarte, frisch gezapfte Biere, Weinkarte, Menüvorschläge für Ihre Feier, Räumlichkeiten für 10 bis 60 Personen. Große Terrasse am See, Kaffee-, Kuchen- und Eisspezialitäten.

Öffnungszeiten

Täglich ab 11.00 Uhr. Mittwoch Ruhetag! Warme Küche: ab 11.30 Uhr durchgehend bis 21.00 Uhr. Montag bis Freitag Mittagstisch incl. Suppe und Dessert (außer an Feiertagen).

Fotografía 19:

¿Qué hacemos ante una carta como esta? Elegir lo más típico. Primero, tanto *die Tomatensuppe*, sopa de tomate, como *die Kartoffelsuppe*, puré ligero de patatas con especias, tienen gran éxito entre los alemanes; sólo puedes saber si te gustan dichos platos o no, probándolos. Tiras una moneda al aire y pides uno de los dos. Segundo, el plato llamado *Bauernfrüstück* (desayuno de granjero) es un combinado de patata, tortilla, salchichas y ensalada que te van a ofrecer en muchos sitios y que te quita el hambre para tres días. Finalmente, todos los platos que incluyan el término *Schnitzel* llevan, con uno u otro acompañamiento, un par de filetes de carne de vacuno empanados al estilo austriaco. Añádele una jarra de cerveza y estarás comiendo como si hubieses nacido en Alemania o en Austria. Si nos fijamos, al final de la carta podemos leer, entre otras cosas... *Öffnungszeiten*: Horario de apertura. *Täglich ab 11.00 Uhr*: Diariamente, desde las 11.00 horas. *Warme Küche ab 11.30 Uhr bis 21.00 Uhr*: La cocina funciona desde las 11.00 hasta las 21.00 horas. *Mittwoch Ruhetag*: Los miércoles guardamos día libre.

8.9.– TÉRMINOS RELACIONADOS CON LA CERVEZA

Alemania es uno de los grandes productores y consumidores de cerveza, junto con Holanda, Bélgica, la República Checa y otros países más lejanos, como los Estados Unidos de América o Australia. Nos podemos encontrar, amén de otras más infrecuentes, las siguientes variedades.

LAGER: A veces también se llama *Märzenbier*, cerveza de Marzo. *Lager* significa almacén y una cerveza es de tipo Lager cuando ha pasado un mínimo de tiempo reposando tras la primera fermentación. Fermentan con una levadura que opera a baja temperatura en el fondo del tanque de fermentación, y luego se las deja madurar en frío. El nombre *Märzenbier* viene precisamente de que se preparaba en otoño, se dejaba reposar todo el invierno y se estrenaban las barricas con una fiesta a mediados de Marzo. También hay quien dice que se llama "Cerveza de Marzo" porque a Abril no llegaba ni media gota.

PILSEN: Una variedad de Lager, más dorada, más pálida, con mucha espuma y con más lúpulo, "inventada" por los checos con lúpulo de Bohemia-Moravia. La original es la *Pilsner-Urquell*, muy fácil de encontrar en todo el mundo. Las cervezas más consumidas en Alemania, *"Bitburger"* y *"Warsteiner"*, son Pilsen con un toque extra de lúpulo alemán. Se cuenta que un maestro cervecero llamado Groll intentaba fabricar una cerveza oscura y turbia y le salió la primera Pilsen (tan dorada, tan clara, tan limpia) por accidente; lo cual es como decir que un señor estaba mezclando diversas carnes y verduras para hacer un guiso y le salió por accidente un helado de fresa. No se lo cree ni el guionista de los Simpson.

BOCK: Variedad de Lager, más oscura, con más cuerpo, con más lúpulo y con más graduación alcohólica. Lo cual se acentúa más aún en las *Doppelbock*, que refermentan una segunda vez. "Salvator", del fabricante muniqués *"Paulaner"* es una de las pioneras del género *Doppelbock*, hasta el extremo de que todas las que han venido después han adoptado nombres acabados en "ator", lo que las distingue al primer vistazo. Incluso la noruega "Norge ∅" ha seguido la costumbre y a su *Doppelbock* le ha puesto de nombre "Primator". Como todo lo que fabrica "Norge ∅: Isla Noruega", es de calidad excepcional; pero ahora estamos en Alemania, no en Noruega. Con permiso de los noruegos, *Ayinger Celebrator* es la mejor de este género; la fábrica está en **Aying**, a 25 km de *München*, rumbo a Austria.

EISBOCK: Las *Eisbock* son cervezas *Bock* que han sido congeladas intencionadamente; como lo que antes se congela es el agua, al retirar el hielo se queda una cerveza con más proporción alcohólica. Pueden llegar a 11 o incluso 12 grados.

SCHWARZE: Esta denominación incluye a las cervezas negras elaboradas con malta muy tostada y poco lúpulo, de donde resultan cervezas de color muy oscuro pero con paladar suave. Se pueden comparar con las versiones más ligeras (Cream y Draught) de las Stout británicas, aunque no es el mismo concepto.

WEISS: Se denominan **Weiss** todas las cervezas elaboradas a partir de trigo, lo cual no quiere decir que no puedan llevar una cierta proporción de cebada ni que deban ser blancas. Como la levadura también es distinta a la que se usa en las Lager, el resultado es muy diferente: son cervezas de color amarillo pálido, afrutadas, con un regusto ácido, bajo contenido alcohólico, amargor reducido y muy refrescantes en verano. Esto último, a los alemanes les da igual: cuando más la beben es en pleno invierno. La cerveza más famosa de esta variedad es *"**Franziscaner**"*, del fabricante muniqués **Spaten**; de esta cerveza debe decirse que hay un abismo entre la que venden enlatada o embotellada para medio mundo y la que se reservan en **München** para consumir tirada a presión. La que se reservan es menos ácida, más pálida, más densa y con más espuma. Luego intentas beberte una **Franziscaner** de lata y te parece que está caducada.

WEISS-DUNKEL: Además del trigo, estas cervezas incluyen cebada tostada (a veces se tuesta el propio trigo o incluso un poco de centeno) y más lúpulo que las **Weiss**. El resultado es una **Weiss** oscura, que además del punto ácido y refrescante presenta el amargor de una Lager. *"**Erdinger**"* y *"**Paulaner**"* son las dos marcas más vendidas de esta variedad. Todas las **Weiss** son de fermentación alta a temperatura templada, no como las Lager; ello se debe a que la levadura que llevan es distinta; además, suelen refermentar en botella.

NATURTRÜB: Significa "Con su turbidez natural"; o sea, sin filtrar; o sea, con miles y miles de microorganismos vivos. Pueden resultar "extrañas y feas" a la vista (y pueden dejar poso en el vaso) pero son cervezas muy digestivas, que ayudan a mantener sana la flora intestinal. (*Fotografía 20*)

Fotografía 20:

Dunkles Gutmann. Un buen ejemplo de cerveza sin filtrar, aunque no lo ponga en la etiqueta, que siempre presenta un manto de posos en el fondo de la botella. Bien, de acuerdo, reconozco que una cerveza con este color no entra por los ojos; admito que no resulta atractiva a la vista, que puede provocar rechazo, y eso que en la foto no se aprecian los posos; incluso admito que al probarla pueda seguir sintiendo rechazo quien no ha bebido más cerveza que la típica caña de bar español. Y ese rechazo, ¿está justificado? Voy a contestar muy clarito con un ejemplo musical: es el mismo rechazo que siente quien lleva veinte años sin oír otra cosa que no sean los 40 Principales y de pronto oye el Concierto para piano número 3, opus 30, en Re menor, de Serguei Rachmaninoff, con Wladimir Horowitz al piano. La culpa de que te entren mareos no es de Rachmaninoff; es de tu circuitería auditiva, que estaba oxidada. Pues con la cerveza pasa lo mismo: llevas veinte años bebiendo cañas de 5 grados acuatizadas, filtradas, tamizadas y enfriadas con gas a presión, y el día que pruebas una verdadera cerveza las papilas gustativas se te ponen a dar volteretas.

ALTBIER: La palabra alemana ALT significa viejo; aquí, el nombre se refiere al estilo viejo o antiguo de fermentación alta. Estas cervezas fermentan en caliente, como las Ale británicas, aunque luego tienen un periodo de maduración en frío de varias semanas, como las Lager. No se confunden con las Weiss porque no llevan trigo. Son de color amarronado, a veces bastante oscuro, pero de paladar muy suave y con poco alcohol. Se fabrican miles de hectolitros de esta variedad tanto en Alemania como en la República Checa.

Otras denominaciones (Kloster, Ipa, Porter, Stout, Imperial Stout, Trapense, Lambic), apenas se dejan ver en territorio alemán. Son más fáciles de encontrar en Bélgica y en Reino Unido.

8.10.– AL FINAL

APFELSTRUDEL: Se suele traducir "Tarta de manzana", pero no se parece en nada a nuestra tarta de manzana. Es una masa rellena de manzana y miel o manzana y canela. Es una receta austriaca de raíces turcas. Ojito: se suele servir caliente, como si acabasen de sacarla del horno, o como mínimo templada. No se puede pedir fría porque entonces ya no sería *Apfelstrudel*. Para compensar, en verano se suele servir con un helado de vainilla en el mismo plato. (*Fotografía 21*)

APFELKUCHEN: Esta receta sí que se parece a nuestra tarta de manzana, pero nosotros la hacemos mucho más dulce. Los reposteros alemanes son muy comedidos con el azúcar. ¡Lástima!

DICKMILCH: Cuajada

ERBEEREN MIT SAHNE: Fresas con nata

EIS: Helado

EISSKAFFE: Café con hielo

KAFFE CREME: Cortado

KAFFE MIT MILCH: Café con leche

KREMPEISE: Natillas

Fotografía 21:

Y el *Apfelstrudel* alcanzó la perfección absoluta: horneado de manzana en masa fina hojaldrada, con helado de canela, nata montada a mano y crujiente artesano de almendra y azúcar.
Maestro repostero: **Bernd Neuner.**
Vorzüglich Arbeit, Bernd!!
Gran trabajo, sí, señor.

MILCHREIS: Arroz con leche

PALATSCHINKEN: Crêpe (Razonablemente parecidas a las crepes bretonas, aunque no es lo mismo ni podrá serlo nunca, por la misma razón por la que unas fabes con almejas no te las van a dar más que en Asturias)

STRUDEL: Se traduce "Tarta", aunque no es tarta. Es masa repostera rellena y horneada.

SCHWARTZE KAFFE: Café solo (Literal: café negro. Suelen servirlo muy largo, casi tanto como en Suiza; o sea, lo que nosotros llamamos un "café americano"; si quieres un café parecido al que es normal en España, puedes probar a pedirlo con poca agua *"mit wenig Wasser"* o italiano *"Italienisch Kaffe"*; en la mayoría de los sitios te servirán un café que te seguirá pareciendo muy largo. También puedes probar a pedir un *"Kaffe Espresso"*, aprovechando que esta denominación la entienden en todas partes. *Einen Kaffe, bitte!*: Un café, por favor. *Einen*: acusativo)[11]

DIE RECHNUNG, BITTE: La cuenta, por favor. También se puede pedir diciendo *die Zahlen* (la suma), pero suena raro. Todo el mundo dice *die Rechnung*.

Casi se me olvida... GUTEN APETITTE... Buen provecho.

---

[11] *Cada vez que decimos "**Ich möchte...**" deberíamos continuar con "el objeto que queremos" en acusativo. La experiencia nos asegura que lo dices en nominativo y te entiende todo el mundo. Ahora bien, lo correcto... ¡ACUSATIVO!*

9.- ¿Y SI TENEMOS QUE DELETREAR?

BUCHSTABIEREN: Deletrear

"¿Me lo puede deletrear, por favor?": ***Können Sie bitte es buchstabieren?***

Literal: "¿Puede usted por favor esto deletrear?"

El orden de las palabras dentro de la frase es importantísimo para el oído alemán; por eso a veces es tan frustrante hablar alemán: lo estás diciendo todo bien PERO DESORDENADO y realmente les cuesta entenderte. No pasa nada. Lo repites más despacio. Y si es menester pides ayuda: el famoso "Help me, please" de los ingleses se transforma en ***Helfen Sie mir, bitte.*** Ayúdeme, por favor. Y si "Bitte" lo pones al principio, mejor.

Literal: "Por favor, ayude usted a mí".

No hay alemán que oiga eso y reaccione pasando de ti. Hará lo imposible por entenderte. No perdamos la calma.

Vamos a deletrear, por si alguna vez nos hace falta (Tu propio apellido es inexcusable que sepas deletrearlo en una conversación telefónica, por ejemplo).

Y aquí viene algo MUY ÚTIL: la palabra referencia de cada letra. En español decimos "B de burro" o "B de Barcelona" o "V de Valencia" o "J de Jerez"... ¿Y los alemanes, qué palabras usan? Las de la foto siguiente.

Ya lo sabes... "L de Ludwig", "B de Berta", "J de Julius"...

Letra	Pronunciación	Palabra de ejemplo
a	[a:]	Anton
b	[be:]	Berta
c	[tse:]	Cäsar
d	[de:]	Dora
e	[e:]	Emil
f	[ɛf]	Friedrich
g	[ge:]	Gustav
h	[ha:]	Heinrich
i	[ɪ:]	Ida
j	[jot]	Julius
k	[ka:]	Kaufmann
l	[ɛl]	Ludwig
m	[ɛm]	Martha
n	[ɛn]	Nordpol
o	[o:]	Otto
p	[pe:]	Paula
q	[ku:]	Quelle
r	[ɛr:]	Richard
s	[ɛs]	Samuel
t	[te:]	Theodor
u	[u:]	Ulrich
v	[fau:]	Viktor
w	[ve:]	Wilhelm
x	[iks]	Xanthippe
y	[ypsilɛn]	Ypsilon
z	[tsɛt]	Zacharias
ä	A-Umlaut	Ärger
ö	O-Umlaut	Ökonom
ü	U-Umlaut	Übermut
ß	Eszett o scharfes S	--

A veces da la casualidad de que coincides con alguien que conoce el alfabeto internacional. Como la experiencia demuestra que puede ser útil saberlo, lo tienes a continuación.

Letra	Voz	Pronunciación española
A	ALPHA	ALFA
B	BRAVO	BRAVO
C	CHARLIE	CHARLI
D	DELTA	DELTA
E	ECHO	ECO
F	FOXTROT	FOXTROT
G	GOLF	GOLF
H	HOTEL	JOTEL
I	INDIA	INDIA
J	JULIET	YULIET
K	KILO	KILO
L	LIMA	LIMA
M	MIKE	MAIK
N	NOVEMBER	NOVEMBA
O	OSCAR	OSCAR
P	PAPA	PAPA
Q	QUEBEC	QUEBEC
R	ROMEO	ROMEO
S	SIERRA	SIERRA
T	TANGO	TANGO
U	UNIFORM	YUNIFORM
V	VICTOR	VICTOR
W	WHISKY	UISKI
X	XRAY	EKSRREI
Y	YANKEE	YANQUI
Z	ZULU	ZULU

"ALEMÁN" quedaría ALFA, LIMA, ECHO, MIKE, ALFA, NOVEMBER. El autor de este manual de supervivencia se llama MIKE, ALFA, NOVEMBER, UNIFORM, ECHO, LIMA.

Cuando menos te lo esperas, le sacas partido al alfabeto internacional. ¿Te has parado a pensar en la posibilidad ce que tengas que deletrear la matrícula de tu coche por teléfono, o el nombre del pueblo por el que acabas de pasar justo antes de pinchar la rueda? Apréndetelo; aunque sólo sea para ver lo divertido que resulta intentar enseñárselo a un amigo cuando va por la tercera **Doppelbock**. Ojalá no lo tengas que usar nunca por una razón seria. Pero apréndetelo. (Fotografía 22)

Fotografía 22:
Doce voluntarios, tratando de recitar el alfabeto internacional.
Han declarado a la prensa que no piensan rendirse.

10.- PREPARATIVOS

<u>No te olvides:</u>

– DNI y/o pasaporte. Con el DNI debería bastar.

– Libro de familia si viajas con menores y un pasaporte para cada uno de ellos. En el caso de menores que no viajan con sus propios padres, necesitarán el permiso de viaje al extranjero que expide la Policía Nacional.

– Tarjeta y libro de familia numerosa, si es el caso. En Alemania te encontrarás multitud de descuentos para familias numerosas.

– El permiso veterinario y la cartilla de vacunaciones, si viajas con mascota.

– La tarjeta E111. Tarjeta sanitaria europea. Personal e intransferible. Cada persona que participe en el viaje debe llevar la suya. Otra cosa es que "Mami" guarde en su bolso las tarjetas de todos, que suele pasar. Es una tarjeta de validez anual, imprescindible si necesitas asistencia sanitaria y quieres que los gastos los cubra la Seguridad Social española (A la vuelta, puede reclamarse incluso lo que hayas gastado en farmacia). Si necesitas algún servicio médico en el extranjero y no tienes vigente la Tarjeta Sanitaria Europea, te pagas tú los gastos. Puedes solicitarla en este enlace

https://sede.seg-social.gob.es/Sede_1/ServisiosenLinea/Ciudadanos/232000

– Si vas en coche, permiso de conducir, permiso de circulación, último recibo del seguro obligatorio y resultado de la última inspección técnica (itv). Y, por supuesto, una compañía que te respalde en caso de accidente. Puedo contarte una buena anécdota al respecto (*Iba con mis compañeras de aventuras pero lo voy a redactar en singular para no perder el tono del narrador; cosas técnicas de escritores, no hagas caso).* No sé dónde acerté a meter la rueda delantera izquierda; el caso es que se dañaron las zapatas de freno y el disco. La población más cercana era una aldea de ciento cincuenta habitantes (**Welschneudorf**) y desde allí llamé a RACE pensando "A ver si me pueden mandar una grúa en tres o cuatro horas". En una hora escasa llegó la grúa y me llevó al concesionario Volkswagen de **Montabaur**. Dejaron como nuevo el eje delantero al completo y no me cobraron ni la mitad de lo que me había imaginado. Meterte en Alemania sin tener a quien llamar en caso de accidente, ya no es intrepidez, es temeridad. Siempre puedes llamar al 110 (**Polizei**: Policía) o al 112 (**Notrufnummer**: Emergencias) y confiar en que te entiendan, pero lo sensato es ir respaldado por una compañía española a la que puedas llamar a cualquier hora si surgen contratiempos. Si no sabes cuál elegir, RACE funciona de cine. Lo recomiendo sin dudar. Simplemente, cuando les llamas tienes la sensación de que la persona que está al otro lado del teléfono REALMENTE se preocupa por ti y quiere ayudarte. Eso no se paga con dinero. Gracias, RACE; sois unos fenómenos.[12]

---

[12] Cuando menos te lo esperas, las cosas se tuercen mucho mucho. El 18-8-16, ante una emergencia surgida en Saint Brieuc, nos encontramos con dos desagradables sorpresas. La primera, el señor Maxim (Volkswagen, Rue Chantal, 14) diciéndonos a las diez de la mañana *"Hoy ya no nos da tiempo a atenderle"*). La segunda, el teléfono de RACE repitiendo sin parar *"Todos nuestros operadores están ocupados; no cuelgue"* . Nos buscamos la vida como pudimos. Sacamos el coche de las instalaciones de Volkswagen y lo llevamos despacito al taller Norauto que está en el parking de Leclerc. Resultado: nos solucionaron el problema en media hora. Esta

<u>Aconsejable:</u>

—Ropa de invierno. No estamos hablando de pasar quince días en Las Canarias. En **München**, puedes tener menos de diez grados al levantarte por la mañana, incluso en Julio. En la isla de **Rügen** puede helar por las noches en Septiembre. Tienes que llevar la misma ropa que si fueras a pasarte una quincena en un pueblo del Pirineo, tipo Broto, Torla... No cuentes con pasarte todo el tiempo en manga corta. Y mete en la maleta un buen chubasquero.

—No es contradictorio con lo anterior: añade crema de protección solar y un buen repelente de mosquitos.

—Botiquín. Nunca se sabe cuándo puede hacerte falta.

—Calcetines y botas de media montaña o trekking. Sobre todo, no quieras ahorrar ni en los calcetines ni en el calzado. El paseíto por el bosque se convierte en una pesadilla si se te hacen ampollas en las plantas de los pies. Buenos calcetines y buen calzado; eso es imprescindible. Incluso a una persona que me dijese *"Lo que yo quiero es patearme Berlín"* le aconsejaría calzado de paseo por media montaña antes que deportivas o zapatos. Sé que no predico con el ejemplo, pero es porque yo voy con botas militares, que también son una buena opción si quieres andar mucho. Antes de que alguien saque conclusiones precipitadas y se compre el primer par de zapatillas que le vendan en la tienda de la esquina... con precios de 2015 hay que dejarse ciento veinte euros en un buen par de botas, quince en un buen par de plantillas amortiguadoras de gel y diez o doce en un

---

vez el aplauso es para Norauto.

buen par de calcetines de montaña. No quieras ahorrar en este capítulo, que una herida en un pie te arruina el viaje. ¿Quieres que te diga una marca de absoluta confianza para todo lo relacionado con los pies y las grandes caminatas? *"Salomon"*. Ya está dicho. Además, es una filial de adidas; es *made in Germany*. Perdón por el lapsus británico, ¿en qué estaría yo pensando?, quise decir que es... *in Deutschland gemacht*. (Fot 23 y 24)

Fotografías 23 y 24:

Una pareja que se puede recomendar a ojos cerrados: las botas de larga distancia Salomon Explorer y las plantillas amortiguadoras de gel del Doctor Scholl. Ya sólo te hacen falta las ganas de andar, que eso no lo venden.

—Un diccionario de alemán. Échalo en la mochila.

Consúltalo todas las veces que haga falta. Llegará un día en que te lo dejarás olvidado y te dará igual.

— Un navegador GPS. Es el invento del siglo; te lo dice alguien que ha hecho muchos viajes de copiloto con los mapas de papel en las rodillas. Del dinero invertido en un navegador no te vas a arrepentir jamás. Tanto los "Tom-Tom" como los "Garmin" funcionan perfectamente, aunque tienen distinta personalidad. Son mayoría quienes dicen que la pantalla del TomTom se ve más clara y es más intuitiva pero Garmin actualiza los mapas de forma gratuita y la información que te va dando sobre la marcha *("Hay obras con tráfico muy lento dentro de 15 km. Recomendación: cambiar de ruta"* — *"La próxima gasolinera en la ruta prevista se encuentra a 40 km y la siguiente a 72 km")* es impresionante; además, los dispositivos Garmin tienen menos tendencia a meterse por caminos de cabras. Por su parte, TomTom tiene matrícula de honor en el capítulo "Búscame un *[parque, castillo, supermercado, gasolinera, farmacia, parking, museo, pizzería]* en los alrededores de donde estamos ahora y llévame". Elige un modelo que incluya carreteras de toda Europa, estúdiate sus funciones antes de empezar el viaje y recuerda que debe manejarlo el copiloto. (*Fotografías 25, 26 y 27*)

— Dinero en metálico. En Alemania no se usan las tarjetas de crédito tanto como aquí. Hay un montón de sitios en los que no te van a aceptar que pagues con tarjeta. De hecho, la tarjeta de crédito no te va a hacer falta más que para repostar combustible y para pagar en las grandes superficies, tipo REWE o REAL. No esperes usarla en el pequeño comercio ni en esos maravillosos restaurantes de aldea perdida en medio del bosque (**Altenbrak**, 470 habitantes, por poner un ejemplo); restaurantes atendidos en plan familiar, que no tienen más de diez o doce mesas y cuyos dueños te miran como si fueras un marciano cuando les dices que has venido desde España. *Ja, ja... wir kommen aus Spanien.* Sí, sí... venimos de España.

Fotografía 25:

Un ejemplo de claridad insuperable: la pantalla de aviso de desvío de los navegadores TomTom. En 80 m hay que salir a la derecha para coger la E25. Límite de velocidad: 100 km/h.

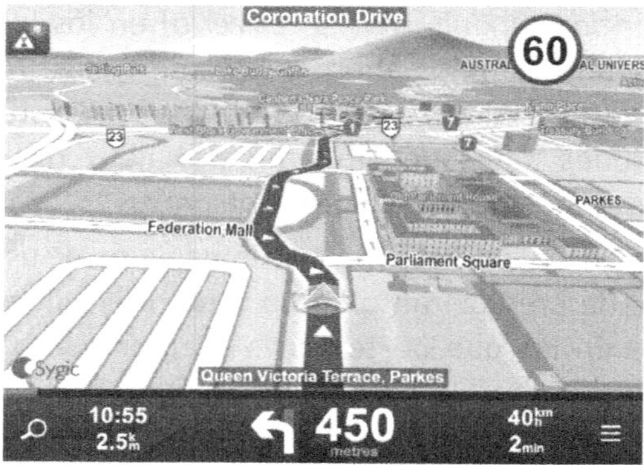

Fotografía 26:

Se ha puesto muy de moda la app Sygic sobre plataforma android por lo fácil que resulta interpretar su visor 3D. En realidad, trabaja con mapas y satélites de la red TomTom.

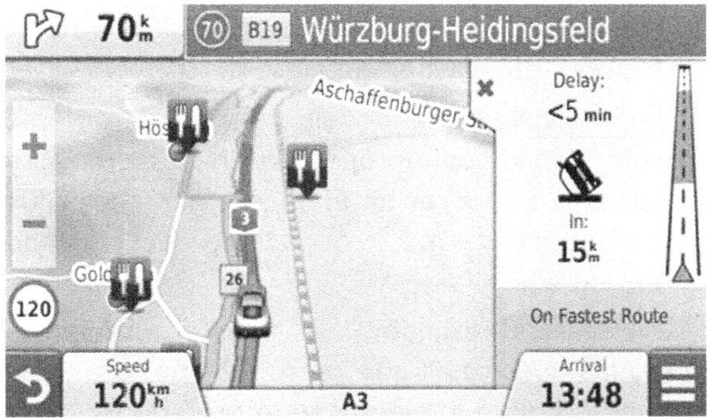

Fotografía 27:

Pantalla de navegación Garmin 2D. Circulamos a 120 km/h por la A3; dentro de 70 km cogeremos la salida 70 y empalmaremos con la B19, rumbo a ***Würzburg***, pasando por ***Heidingsfeld***. Hay un accidente 15 km por delante, que nos va a retrasar menos de 5 minutos. Estamos "On fastest route: en la ruta más rápida", de modo que no se recomienda ningún camino alternativo. Llegada prevista al destino final programado, a las 13:48 horas. Por supuesto, puedes ponerlo todo en español, pero llevar la pantalla del navegador en otro idioma te mantiene más despierto. Si pulsásemos sobre uno de los iconos "restaurante", el navegador cambiaría de destino y nos marcaría la ruta óptima para ir a ese restaurante. Después de comer, reactivaríamos el destino inicial.

Respecto al móvil:

Los que llevamos desde 1990 aplicando la dinámica "Me paso todo el año ahorrando para luego pasarme el verano viajando", sabemos los quebraderos de cabeza que podía darte algo tan simple como que estando instalado en un camping de Normandía surgiese la necesidad de llamar a un banco de Zaragoza; por concretar más, a la CAI. Y también sabemos lo incómodo que podía llegar a ser un móvil de medio kilo. Pero todo eso es prehistoria. Con los móviles actuales sólo hacen falta unas precauciones elementales:

– Asegúrate de tener saldo disponible durante todo el viaje. Háblalo con tu operador. No esperes a estar en el extranjero para recibir un mensaje que diga "Durante lo que queda de mes, sólo puede hacer llamadas de emergencia".

– Llévate el cargador. Los enchufes en Alemania son como los nuestros, no te preocupes por eso. Pero lleva tu cargador y no lo pierdas porque... ¿dónde se compra un cargador para móvil estando en Alemania? Bueno, vale, te resuelvo la duda... Primero: el móvil en Alemania se llama "***das Handy***"; segundo, el cargador se llama "***das Ladegerät***"; y en donde debes decir la frase "***Bitte, Ich möchte ein Ladegerät für dieses Handy***" (Por favor, necesito un cargador para este móvil) es en la sección de móviles de una gran superficie, tipo REWE, o en una tienda en cuyo escaparate ponga "HANDYS". ¿Y si te encaprichas de una funda para móvil? ¿Eso cómo se pide? Fácil. La funda es ***"die Handy-Hülle".***

– Todos los teléfonos españoles empiezan +34, aunque no lo veas en pantalla. Mientras estás en España, da igual si al número de tu prima Pepi (123456789) le añadiste +34 delante o no. Es posible que sin modificar nada la puedas llamar desde Alemania, pero si modificas tu agenda de números y cambias 123456789 por +34123456789, entonces SEGURO que la puedes llamar. Los números franceses llevan +33 delante, los alemanes llevan +49... etc.

Un poco de vocabulario:

El permiso de conducir: ***Führerschein.***

El permiso de circulación: ***Zulassungsschein.***

Si un agente de tráfico te dice ***Ihre Fürerschein, bitte***, ya sabes qué es lo que te está pidiendo.

Si te dijese ***Ihre Personalausweis, bitte***, lo que te está pidiendo es el DNI.

Können Sie bitte Ihre Gepäckraum offen?, sería "¿Puede abrir el maletero, por favor?".

Si estás en la aduana (***Zoll***) y quieres decir eso de "No tengo nada que declarar", ***Nichts zu verzollen.***

La itv pasa a ser TÜV (***Technischer Überwachungs-Verein***). En cuanto al pasaporte, se llama ***Reisepass.***

Casi se me olvida... "Buen viaje": ***Gute reise!***

Horarios y festivos:

Alemania está llena de madrugadores. Vale más que te mentalices desde el minuto cero. Por si te sirve de pista, he visto al encargado de una piscina *terminando* de limpiarla cuando yo aún no lograba enfocar el mundo lo suficiente como para encontrar la cafetera; o sea, a las ocho y diez. Hay frases absolutamente imposibles de decir en alemán; por ejemplo "Una vez me levanté a las doce del mediodía". Carece de importancia si logras pronunciarlo como si hubieras nacido en ***Dortmund***: no lograrás que ese concepto entre en un cerebro alemán. Madrugan mucho; es más, me parece que les gusta. A las ocho de la mañana está abierto todo o casi todo y a las seis de la tarde han cerrado todos o casi todos, con la excepción de los restaurantes que dan cenas; esos puede que aguanten hasta horas intempestivas, digamos las diez. Si son las once y a tu alrededor hay establecimientos que siguen abiertos, seguro que estás en una ciudad de las más grandes: Hamburg, Berlin, Stuttgart, München...

Resumiendo, adelántate el reloj dos horas y acertarás. ¿Quieres entrar a comer en un restaurante sin llamar la atención? Entra a las doce. ¿Quieres entrar a cenar en un horario que a nadie le resulte extraño? Entra a las ocho o incluso a las siete; y eso en verano. En la Alemania fronteriza con Polonia, en invierno ya es de noche a las cinco. ¿Quieres pasarte la tarde de compras? Empieza a las tres. ¿Quieres visitar un museo? Seguro que a las nueve ya hay cola en la puerta.

Respecto a los festivos, ten en cuenta los siguientes, no vayas a encontrarte todo cerrado:

1 de enero: Año nuevo. ***Neujahr.***

> ***Frohes neues Jahr***: Feliz año nuevo.

> ***Frohes Geburtstag***: Feliz cumpleaños.

6 de enero: Reyes Magos. ***Heilige Drei Könige.***

> Festivo en Baviera y en Baden-Württemberg.

¿?: Viernes Santo: ***Karfreitag.***

¿?: Lunes de Pascua: ***Ostermontag.***

30 de abril/1 de Mayo: La noche de las brujas. ***Walpurgisnacht.***

3 de Octubre: Día de la unidad alemana. ***Tag der Deutschen Einheit.***

1 de Noviembre: Todos los santos: ***Allerheiligen.***

25 y 26 de diciembre: Navidad. ***Weihnachten.***

11.– ¿ALQUILAMOS UNA CASA?

Desde que existe internet, no hay razón para viajar a ciegas. Puedes organizarte el viaje desde casa con todo detalle: a dónde vas, por qué ruta, dónde paras a dormir si el viaje es muy largo, en qué fecha regresas...

Los enlaces siguientes te permitirán reservar lo que prefieras, hotel, camping, una casa unifamiliar completa (lo más cómodo para vivir con tu propio horario)[13] o una casa que esté dentro del terreno de una granja[14]. Esto último es lo más recomendable para los peques; es más, si son suficientemente pequeños aprenderán vocabulario alemán como por arte de magia: *caballo, vaca, perro, gallina, potro, ternero, oveja, heno, paja, cebada, cerdo, granero, hierba, pato, bebedero, saco, cubo, pienso, maíz, conejo, tractor, zanahoria, lechuga...*

---

[13] *Si lo que te ofrecen se llama* **Ferienhaus***, es una casa de vacaciones unifamiliar; estás alquilando todo el edificio. Si lo que te ofrecen se llama* **Ferienwohnung***, es una vivienda de vacaciones integrada dentro de un edificio con varias viviendas; estás alquilando parte del edificio; por ejemplo, la segunda planta o el piso primero derecha. Si la palabra que te encuentras es* **Gästehaus***, se traduce "Casa de huéspedes"; es lo mismo que un* **Ferienwohnung** *pero con la opción de añadir media pensión o pensión completa. Si dentro de tu vivienda no tienes tu propia cocina, entonces no estás en nada de lo anterior: estás en un Hotel.*

[14] *Si lo que alquilas (sea* **Haus** *o sea* **Wohnung***), forma parte de las instalaciones de una granja, su nombre empezará por* **Bauernhof***. La palabra* **Beuernhofurlaub** *significa "Vacaciones en la granja". Como a los alemanes les encanta escribirlo todo seguido, te puedes encontrar la palabra* **Bauernhofferienwohnung***: te están ofreciendo una vivienda integrada dentro de un edificio que a su vez forma parte de una granja. ¿A que te va gustando este idioma que antes te parecía tan extraño?*

Sí, sí, ya lo sé, es un vocabulario un poco raro pero – ¡¡TACHÁN!! – de mayores dirán que el idioma alemán no les da ningún miedo. O sea, si tienes hijos pequeños, échale valor y vete quince días a una granja alemana; aunque tú puedas pasar algún momento incómodo porque ves el mundo con ojos de adulto y te parece mal no poder mantener una conversación fluida con los lugareños, los peques volverán a casa diciendo que quieren repetir al verano siguiente, eso seguro. (*Fotografías 28, 29 y 30*).

Lo dicho, elige una opción y adelante con los faroles.

PRIMERA OPCIÓN: HOTEL
http://www.booking.com/country/de.es.html
http://www.rumbo.es/hotel/alemania/hoteles-alemania.html
http://es.hoteles.com/co82/hoteles-en-alemania/
http://www.centraldereservas.com/hoteles/alemania

SEGUNDA OPCIÓN: CAMPING
http://www.eurocampings.es/alemania/
http://es.camping.info/alemania/campings
http://es.camping-direct.eu/campings-alemania

TERCERA OPCIÓN: CASA DE VACACIONES
(*Ferienhaus*)
http://www.ferienhausmiete.de/
https://www.fewo-direkt.de/
http://www.ferienhaus.de/

CUARTA OPCIÓN: VACACIONES EN UNA GRANJA
(*Bauernhofferienhaus*)
http://www.bauernhofurlaub.de/
http://www.landsichten.de/
http://www.bauernhof-urlaub.com/

Fotografía 28:

Buernhofurlaub. Los peques van a vivir una experiencia inolvidable caballos, ovejas, cerdos, vacas, bueyes, gallinas, perros, gatos, terneros, conejos, patos, potros, corderos, polluelos, ciervos, aves rapaces sobrevolando las instalaciones a todas horas... Y tú, después de quince días al aire libre, pisando hierba y viendo árboles; después de quince noches sin oír coches ni camiones ni motos ni televisores, después de quince noches durmiendo en el mágico silencio del campo, vas a volver con la sensación de que has rejuvenecido diez años.

Fotografía 29:

Buernhofurlaub. Levantarse al amanecer, acostarse al anochecer y estar todo el día respirando aire puro. Un concentrado de salud.

Fotografía 30:

Buernhofurlaub. Quince días al aire libre, rodeado de hierba y árboles, también tienen algo malo: el día que toca hacer la maleta para volver a la gran ciudad, al suelo de cemento y a los horarios absurdos. Día horrible donde los haya.

12.– LOS ESTADOS FEDERADOS. Die Länder.

Sería inexacto usar la palabra "regiones" para referirse a ***Thuringen, Bayern, Hessen***, etc... Cuando entramos en Alemania no nos encontramos con un cartel de bienvenida que diga "***Deutschland***" sino con uno que dice "***Bundesrepublik Deutschland***"; o sea, República Federal de Alemania, de modo que las "regiones" alemanas deben llamarse "Estados federados". Suelen dividirse en ***StadtStaat*** (ciudades estado: Berlín, Bremen y Hamburgo) y ***Flächenländer*** (estados con territorio; o sea, todos los demás) (Fotografía 31)

(Fotografía 31)
Está usted entrando en la República federal de Alemania.

Por si no te conformas con visitar **Deutschland** sino que prefieres visitar uno por uno todos los **Länder**, aquí tienes la lista, con una pequeña recopilación de datos y recomendaciones sobre cada uno.

Empezamos con un mapa, para que te sitúes...

I.- Baden-Württemberg

Se divide en cuatro **Regierungsbezirke** (regiones administrativas): **Karlsruhe, Stuttgart, Freibug und Tübingen**.

Entrando desde territorio francés por la E35 es muy fácil tomar la salida que nos lleva al casco histórico (**Altstadt oder Zentrum**) de **Freiburg im Breisgau**. Destruida en gran parte durante los bombardeos de 1944, fue reconstruida de manera ejemplar: respetando los trazados originales de las calles y rehaciendo las fachadas tal como eran. Una bella ciudad, con pastelerías en las que venden unos pasteles dulces de aspecto maravilloso junto a otros no menos apetecibles que resultan ser salados (el que avisa no es traidor); una ciudad digna de verse, con un archifamoso tranvía que la atraviesa de norte a sur pasando por la **Martinstor**, la puerta que se abre bajo el majestuoso campanario que domina la plaza central. A su lado, en un edificio con una infravalorada fachada barroca, han abierto un McDonald´s. Me inclino a perdonar tan monstruosa herejía porque han tenido el detalle de poner las letras del mismo color que los ladrillos originales: color arcilla rojiza. Si llegan a poner un letrero luminoso amarillo igual no estaba yo ahora escribiendo este libro; igual estaba en un centro psiquiátrico, intentando reponerme del shock. La única pega de esta ciudad es que no acaba de quedar claro dónde empieza y dónde acaba la zona peatonal: los coches se meten por todas partes. Yendo con niños pequeños, ese detalle es importante.

A ocho kilómetros en línea recta (que suponen casi treinta de carretera, con una preciosa vista al lado derecho), está **Furtwangen**, donde puede admirarse el espectacular **Deutsches Uhrenmuseum** (Museo alemán del reloj); si tienes la impresión de que los relojes no te importan un pimiento, te gustará; si eres relojero, directamente te desmayarás. Por supuesto, en la tienda del museo venden relojes (¿Quién lo hubiera dicho?). En la sección **Kuckucksuhren** (relojes de cuco) tienes desde los que son auténticas obras de arte en madera tallada hasta los baratos de panel y pegamento: por treinta euros te llevas un regalo que ya no puede ser más original.

Saliendo de **Furtwangen** con rumbo sur, llegarás a **Todtnau**; allí, un sistema de telesillas permite subir cómodamente a la cima del **Hasenhorn**, desde donde se domina una vista fabulosa; allá por 1990, con eso bastaba para subir: decías "qué bonito" y te bajabas otra vez al pueblo; en el sistema de telesillas si estabas en plan vago o andando por la ladera del monte si estabas en tu estado habitual. Eso ha cambiado un poco: ahora (2016) subes al **Hasenhorn** en las telesillas y te encuentras un tobogán de 3 km para hacer la bajada en caída libre. La palabra "espectacular" se queda MUY corta. (Fotog. 32)

(Fotografía 32)

¿Habrá alguien que prefiera bajar andando, pudiendo bajar en este espantoso invento infernal?

Cuando hayas recuperado el aliento, coges rumbo sur y te vas a **Waldhust**, que sirve como referencia para visitar **Shaffhausen** (esto ya es territorio suizo), donde se pueden admirar las impresionantes **Rheinfälle** (cataratas del Rin).

En el mismo Land, merecen la pena *Tübingen*, en cuya *Stiftskirche* están las vidrieras del siglo XV que tanto le gustaban a *Wolfgang Goethe*; *Unterhausen*, donde se encuentra el *Nebel Höle* (cuevas de la niebla), visita que te hace sentir espeleólogo durante un rato aunque en realidad se trata de una cueva con sus 380 m de recorrido perfectamente señalizados, iluminados y delimitados para que puedas contemplar el conjunto central de estalactitas sin riesgo alguno; y finalmente *Offenburg*, con su espectacular Europa Park, un gigantesco parque de atracciones que no puede verse entero ni en dos visitas ni en tres; con el agravante (o atenuante, no sé) de que los peques se meten en la sección llamada *Chocoladen* (el país del chocolate) y ya no salen de allí en todo el día: puedes diseñar tu propia chocolatina y acto seguido fabricas una docena; a ver quién es el guapo que se resiste.

II.- Bayern

Reconociendo de antemano que *Bayern* no puede resumirse, nos vamos directamente a *Augsburg*. Merecería visitarse esta ciudad aunque sólo fuese por darse un paseo mañanero recorriendo la *MaximilianStrasse* y parando a comer en su número 83, en el restaurante medieval *Welser Kuche*; no te molestes en pedir cubiertos: en la edad media no había. Disponte a comer las más diversas carnes asadas, ¡con la mano!, manchándote hasta los codos mientras los trovadores amenizan el local con sus incomprensibles canciones de hace siete siglos. Tranquilo... ¡Un delantal bien grande sí que te lo van a dar! Por cierto, nada es perfecto: todo lo demás es muy medieval pero las jarras de litro para beber cerveza son las de ahora, las de vidrio. ¿Qué sería de un bávaro sin su jarra?

Puedes parar en **Bad-Reichenhall** y dejarte fascinar por la insuperable belleza natural de los alrededores del lago **Chiemsee**, uno de los muchos paraísos que Alemania ofrece a los chiflados del senderismo. Puedes admirar **Bamberg**, la pequeña Venecia. Puedes acercarte a **Pommersfelden** y llevarte una sorpresa que a nadie deja indiferente y que a los amantes de la pintura puede poner en éxtasis: en la **Gemaldegalerie** del **Schloss Weissenstein** se exponen cuadros de Durero, de Rembrandt, de Rubens y de Tiziano. Puedes ir a la **Sophien-Strasse** de **Bayreuth** y visitar la **Mohren Apotheke**, una farmacia que se conserva tal como era cuando la fundaron en 1610. Puedes ir hasta **Coburg** y, aparte de su famosa y monumental fortaleza, puedes visitar el **Coburger Puppenmuseum** y rendirte a la evidencia de que innumerables juguetes, famosos a nivel mundial, nacieron aquí, en los talleres de **Coburg**, incluida la muñeca Barbie; aunque otros hayan comprado después las patentes. Puedes recorrer el **Naturpark Altmühtal**, o al menos una parte de sus 850 km de senderos señalizados; cosa que no se hace sólo por respirar aire puro y por contemplar la belleza del bosque: aquí no tiene nada de raro salir de excursión y volver a casa con un fósil en la mochila; es un territorio riquísimo en fósiles del Jurásico que, caprichos de la erosión, es justo ahora cuando están a ras de suelo. Puedes visitar el castillo más famoso del mundo entero, cuyo nombre casi todos escriben mal, **Neuschwanstein** (*Nóish-van-stáin*), y del que todos tenemos memorizada la silueta de sus torres aunque en realidad es infinitamente más bonito por dentro que por fuera. Podemos visitar **Garmisch-Partenkirchen**, y allí podemos coger el **Zugspitzbahn**, un tren de cremallera que sube hasta la **Schneefernerhaus**, una balconada panorámica situada a 2600 m sobre el nivel del mar, desde la que sale cada quince minutos un funicular que baja a **Zugsplitzklamm** (2000 m), otro punto panorámico excepcional; desde aquí sale otro funicular, pero este es ascendente y no apto para cardíacos, que sube hasta la cima del **Zugspitze** (2970 m), que es el monte que puede verse en la portada de este libro.

Y, por supuesto, también puedes ir a **München**... Estoy de acuerdo en que deben verse la **Marienplatz** y la **Frauenkirche** pero, seamos más originales. Si vas a **München**, no te pierdas el **Residenzmuseum**, en la esquina noreste de la ciudad; sus salas están numeradas en un plano que te ofrecen al entrar; la número 7, **das Antiquarium**, es una galería de 66 metros de una belleza tan aplastante que puedes quedarte dentro durante horas, completamente hipnotizado. Después, que los contrastes también tienen su gracia, te vas al **Deutsches Museum von Meisterwerken der Naturwissenschaft und Technik** (Museo alemán de piezas maestras de la Ciencia y la Tecnología), en **MuseumsinselStrasse**, 1, paralela a **ZeppelinStrasse**. Una monstruosidad que incluye (amén de dos planetarios, tres salas de cine Imax, una sala de conciertos con una acústica tan excelente que da escalofríos y una torre de observación astronómica) 45 secciones, que suman 360 salas y una caminata si te recorres el museo entero de al menos 20 km. Cuarenta y cinco secciones hemos dicho... Sólo con la sección 15, dedicada a la historia del ferrocarril, con la sección 20, dedicada a instrumentos científicos antiguos, o con la sección 24, dedicada a la historia de los instrumentos musicales, ya podría pasarme yo el día entero... Pero me habría dejado en el tintero la sección dedicada a la aviación, o la sección dedicada a la química, o la impresionante sección 29, que es una reconstrucción milimétrica de la cueva de Altamira. ¿Quién fue el burro que dijo que en **München** no hay más que cerveza?

Una vez dicho esto, recuerda que al norte de **München**, al lado del aeropuerto, está **Freising**. Merece la pena ir. Al sureste de la población está la fábrica de cervezas **Weihenstephan**, en la calle del mismo nombre. Entra. La visita guiada cuesta cinco euros y dura una hora. No lo dudes. Al final de la visita, bébete una "**Weihenstephaner Doppelbock Korbinian**". ¿Y por qué tiene que ser justo esa? Porque se lleva fabricando desde 1440 sin cambiarle una coma a la receta. Si lo primero que piensas al probarla es *"¿Pero qué demonios he estado yo bebiendo hasta ahora?"*, no te des mal, es lo que pensamos todos. Relájate y antes de irte bébete otra. Cuando vuelvas a España, localiza un sitio donde la tengan a la venta. Los hay. En el almacén de cervezas "Líquidos" (Santa Orosia, 4, Zaragoza) sin ir más lejos.

(Fotografía 33)

Weihenstephaner Korbinian, una espléndida **Doppelbock**, moderadamente amarga (38 puntos IBU), con regusto a nueces tostadas y un punto a chocolate que apenas se nota. Una obra maestra.

III.- Berlin

Resumir **Berlin** tampoco parece fácil, ni siquiera centrándose en la ciudad del mismo nombre. Destrozada por la artillería soviética en 1945, **Berlin** es hoy día una ciudad que combina rascacielos del más rabioso modernismo con museos de fachada neoclásica. Si hubiera que resumir **Berlin** en un adjetivo, habría de ser "inabarcable". Tendrías que ver, al menos, la puerta de Brandeburgo (**Brandenburger Tor**); el grandioso palacio **Zeughaus**, en **FranzösischeStrasse**, muy cerca de la parada de la línea 6 del metro, un admirable edificio barroco de finales del XVII; la **Alexanderplatz**, una mezcla chocante de restos antiguos con escaparates modernos; el **Reichstag**, sede del parlamento, exquisitamente reconstruido tras su incendio en febrero de 1933 y tras sus casi veinte años de abandono; el riquísimo Museo Egipcio; el **Schloss Charlotenburg**, con sus cuidados jardines; la larguísima avenida **Kurfürstendamm**, con sus miles de tiendas, que para mi gusto la hacen irrespirable; el gigantesco parque **Grünewald**... O podrías recorrer en barco el **Havel**, y llegar hasta **Wansee**, lugar de infausta memoria por culpa de Heydrich. Aunque pocos lo sepan, hay más puentes en Berlín que en Venecia, y hay una increíble oferta turística esperando a quienes se animen a ver Berlín a ras de agua.

IV.- Brandenburg

En las zonas orientales, cercanas a Polonia, con **Bautzen** y **Cottbus** como ciudades principales, hablan sorbio, una lengua eslava que tiene rasgos del checo y rasgos del polaco. En esta región sí que te puedes dar un buen susto idiomático, porque es muy fácil encontrarte con personas que no hablan ni inglés ni francés ni español ni... ¡y que hablan el alemán con un acento rarísimo que parece acento ruso! Incluso así, no vale asustarse: la gente es muy amable, y aunque sea dificilísimo hablar con ellos, con eso basta.

V.- Bremen

Si vas directamente a la ciudad del mismo nombre, encontrarás, en la orilla este del río **Wesser**, el casco histórico, presidido por el **Rathaus**, con su imponente fachada renacentista y su cuerpo central de origen gótico. Enfrente, en el centro mismo de la **Markplatz**, tenemos las dos estatuas con las que se acaba fotografiando todo el que visita **Bremen**: la estatua de Rolando (1404), con sus casi once metros de altura, y la estatua dedicada a "Los cuatro músicos de Bremen" (1953): un burro, un perro, un gato y un gallo que según el cuento de los hermanos Grimm viajaban siempre juntos, hermanados por su amor a la música.

Hay que destacar tres museos en esta ciudad: el **Fockemuseum**, en **SchwachhauserheerStrasse**, dedicado a la Historia Medieval; el **Überseetmuseum**, en la **Bahnhofplatz**, dedicado a "Asuntos de ultramar", con la minuciosa recreación de pueblos completos de la Polinesia entre sus muchos atractivos visuales; y el **Schifffahrtsmuseum**, en **Bremerhaven**, con embarcaciones de todo tipo y tamaño, incluido el espectacular submarino "Wilhelm Bauer" (U 2540); un clase XXI reflotado y reconstruido en 1957 tras haber sido hundido por un cazasubmarinos británico el 3-5-1945, a cinco días de que el Almirante Dönitz firmase la rendición. Desde 1983 forma parte del Museo Naval de **Bremerhaven** y puedo asegurar que verlo por dentro con ojos de ingeniero es para desmayarse: diseñado en 1943, sus prestaciones no fueron superadas hasta la década de los sesenta, con la aparición en escena de los auténticos submarinos, los nucleares; los anteriores no eran verdaderos submarinos, eran naves de superficie con la capacidad de navegar sumergidas durante un rato. Respecto a mi chifladura por los submarinos, empezó con el accidente del Kursk y no parece que se me vaya a pasar.

VI.- *Hamburg*

El protagonista de **Hamburg** es el puerto. Es el noveno puerto con más tráfico de todo el mundo, con capacidad para operar con cargueros de gran calado; dicho en lenguaje coloquial: es monstruosamente grande. Recorrer una cualquiera de sus orillas y curiosear en los mil tenderetes que cada mañana se montan a su alrededor, te lleva el día entero. Respecto a la noche... muy cerca del lado norte del puerto, al oeste del parque **Grosse Wallanlagen**, se extiende el barrio de **Sankt Pauli**, cuya principal mercancía resulta obvia incluso a mediodía; la avenida **Reeperbahn**, que lo cruza de este a oeste, y las callejuelas adyacentes, concentran en dos kilómetros todo tipo de locales nocturnos, desde los diseñados para que te bebas dos copas y bailes un rato hasta los inventados para que hagas amistades que tienen tanto de intensas como de efímeras. Quienes sientan atracción por este tipo de ambientes, que comparen con el barrio rojo de Amsterdam (suele darse por bueno que su centro es la calle Warmoesstraat) y que hagan un informe. Por lo que a mí respecta, puedo decir que jamás me he sentido tan fuera de lugar como en Amsterdam, y la culpa no era del idioma holandés[15]; así que no voy a insistir en esta variedad de turismo.

---

[15] Doy fe: en Amsterdam saben inglés hasta las piedras.

VII.- Hessen

La presencia de **Frankfurt am Main** empequeñece al resto de la región, que bien podría ser famosa por haber nacido y vivido en ella los hermanos Grimm, autores de muchísimo más que la paciente recopilación de cientos de cuentos medievales. Tienen un museo dedicado en **Kassel – Brüder Grimm Museum –**, ciudad que aunque sólo fuera por eso ya merecería una visita. Desgraciadamente, los restos de Jacob y Wilhelm Grimm no reposan aquí; algún listillo – prefiero no saber quién – decidió que fuesen enterrados en la capital, en Berlín; al menos, eso sí, los enterró juntos, que es como ellos hubiesen querido estar. En realidad, los hermanos eran seis. El tercero, Ludwig, fue un excelente pintor, y las primeras ilustraciones de Blancanieves o de La bella durmiente, incluidas en la tercera edición de "Los cuentos de los hermanos Grimm", son suyas.

Volviendo a **Frankfurt**... es la ciudad de Alemania donde más horrible me ha parecido el tráfico ¡y con diferencia! A mis ojos, no es más que un montón de cemento y de cristal, demasiado parecido a la típica imagen de rascacielos que hace pensar en New York o en Chicago. Por ejemplo, el **Messeturm** es un edificio tan espantoso que me cuesta asimilar que algo así pueda existir en Europa: la cuna del románico, del gótico, de la Capilla Sixtina; de Renoir, de van Gogh, de Las Meninas. Menos mal que, así como a Rick y a Ilse siempre les quedará París, en **Frankfurt**, a los que huimos del cemento, siempre nos quedarán las orillas del río, con sus caminitos de gravilla, con sus árboles centenarios, con sus parejas jugando al escondite, con sus perros y sus gorriones, con sus viejas farolas de acero barato, con sus bancos de madera mirando al agua. Y, por supuesto, siempre nos quedará el mágico barrio de

Römerberg, con sus casas de madera, con sus fachadas de colores, con su ambiente festivo; este barrio, como avisa su nombre, es de origen romano, aunque apenas se hayan conservado tres piedras de la muralla[16] y aunque nadie sepa con certeza cuándo establecieron aquí un campamento los romanos; lo más probable, en el año 86, siendo emperador Tito Flavio Domiciano.

VIII.- Mecklenburg-Vorpommen

Al norte, muy al norte, bañada por el mar Báltico, se encuentra esta región, de gente cordial y clima horrible, conocida en algunas guías turísticas como "La pequeña Finlandia", debido al altísimo número de lagos que contiene. Precisamente donde se concentran más de la mitad de dichos lagos, al noroeste, puedes ver un castillo único en el mundo, un castillo rodeado de agua casi por todas partes (Fotografías 34 y 35), que fue diseñado con Chambord como ejemplo a seguir, aunque el resultado final es tan magnífico que seguramente supera al ejemplo; en todo caso, la fachada principal es tan elegante y tan armoniosa que te quita las ganas de intentar describirla con palabras: el castillo de **Schwerin**.

Cuando lo hayas visto por dentro y te hayas cansado de hacerle fotos por fuera, te vas a **Rostock**, ciudad portuaria que puedes visitar durante la celebración de la **Hanse Sail** (segundo fin de semana de agosto), en cuyo caso te parecerá una ciudad de lo más animada, con cientos de veleros anclados en el puerto y gentes

---

[16] *Como nos recuerda James Joyce en alguna página del Ulises, cuando los griegos llegaban a un lugar nuevo decían: "Es un buen lugar para vivir; levantemos un templo". Cuando llegaban los romanos, decían: "Es un buen lugar para vivir; hagamos unas letrinas y una muralla."*

de medio mundo recorriendo las calles (Fotografía 36), o en cualquier otra fecha, y en este caso te parecerá una ciudad tranquila, reposada, con cuatro pesqueros en el puerto y quince marineros por las calles.

(Fotografías 34 y 35)

Das Schloss von Schwerin mit dem Schlossgarten.
Ya no necesitas que te lo traduzca... ¿Ves? Estás aprendiendo alemán. También puede decirse "Das Schweriner Schloss".

(Fotografía 36)

Die Hanse Sail in Rostock.

No sé cuántos veleros existen en el mundo, pero cuando llega el segundo sábado de Agosto todos quieren estar en el mismo puerto: **Rostock**. Observa los ordenadores de tus personas queridas; si hay una que tiene de wallpaper un velero, ya sabes cuándo y dónde puedes regalarle tres noches de hotel. ¡Exitazo garantizado!

Finalmente, te queda por visitar la isla Rugen (*die insel Rügen*), con sus acantilados de tiza mirando hacia el amanecer. Se sigue llamando isla aunque está conectada por carretera, gracias a un colosal puente que nace en **Stralsund**. Bonita, lo que se dice bonita, es un rato largo. Pero hace un frío que pela incluso en pleno verano. Tráete un jersey bien gordo, olvida el reloj en cualquier repisa y déjate llevar por el ritmo que marca el oleaje. Pensándolo bien... sí que te va a hacer falta el reloj: tienes que levantarte a las cinco; no puedes irte de **Rügen** sin haber visto amanecer sobre el Báltico. El mejor sitio para contemplar el espectáculo: el mirador de **Seebrücke**. (Fotografías 37 y 38)

(Fotografías 37 y 38)

Seebrücke Sellin auf Rügen.
Junto a **Sellin**, que era un pequeño pueblecito sin más ingresos
que los derivados de la pesca, alguien tuvo la feliz idea de
construir un Hotel-Restaurante con los cimientos en el mar. El
puente que vemos para llegar a la puerta principal, sigue por
detrás del hotel y se adentra en el mar casi trescientos metros,
hasta un mirador para todos públicos en verano y exclusiva-
mente para los vikingos más valientes en invierno. Lo
increíble viene ahora: un Restaurante con esa ubicación,
podría cobrar cualquier burrada. Pues va a ser que no.
Ensalada César, macarrones a la Bolognesa, jarra de cerveza,
helado al ron y café: 26 €. Precios de 2016.

IX.- *Niedersachsen*

La capital es ***Hannover***, cuyo ***Rathaus*** ya hemos visto en la fotografía 11. Pero además del nuevo ayuntamiento (***Neues Rathaus***), en la ***MarkStrasse*** se conserva el antiguo (***Altes Rathaus***), una joya del gótico tardío restaurada a conciencia, que te está esperando para que le hagas la fotografía imposible: una en la que no se vean las señales de tráfico. No te pierdas el ***Kestner-museum***, que expone una selección interesantísima de antigüedades, incluidas egipcias y mesopotámicas. Muy cerca, en ***Walsrode***, está el ***Vogelpark***, una reserva ornitológica donde en tiempos hacían escala diversas aves migratorias; a fecha de hoy, se ve que están aquí tan a gusto que ya no emigran. Y antes de que pienses en cambiar de región, échale un vistazo al ***Lüneburger Heide***. La palabra Heide significa brezo (según el contexto, puede significar "pagano"; así, el grupo holandés Heidevolk seguro que no estaba pensando llamarse "El pueblo del brezo" sino más bien "Pueblo de paganos"; quien dude, que se fije en sus letras, dedicadas a renegar de la ocupación romana y a reclamar para Odín el debido respeto). Pues bien, el ***Lüneburger Heide*** es una extensión de brezales que te corta la respiración (sobre todo – perdón por el chiste malísimo – si padeces alergia). Casi siete mil kilómetros cuadrados – desde ***Lüneburg*** hasta ***Schneverdingen*** y desde ***Winsen*** hasta ***Bispingen*** – que en agosto son mayoritariamente verdes y que en septiembre, con la floración tardía de esta planta, se cubren de un color rojizo que parece de otro planeta. (Fotografía 39)

(Fotografía 39)

Die Lüneburger Heide.
Cientos y cientos de caminos están señalizados en esta
maravillosa reserva de aire puro. Ya sabes... botas, mochila,
loción antimosquitos... ¡Y andando! Ah, se me olvidaba:
recorriendo estos brezales, donde menos te lo esperas te
encuentras un resto megalítico. ¡Suerte!

X.- Nordrhein-Westfalen

Confieso que esta región me encanta. Hay tantas
cosas que ver, tanto bosque, tanto caminito al aire libre,
tantos árboles... Pero hay más. Por ejemplo – lo cortés
no quita lo valiente – puedes adentrarte en ***Oberhausen-CentrO***, el centro comercial más inmenso que quepa imaginar. O puedes pasar un día entero en ***Nürburgring.*** Por la mañana te vas al ex-circuito de carreras
(aquí fue donde casi se mata Nicki Lauda, que se quedó
atascado en el coche tras un accidente y el combustible
empezó a arder antes de que lo recatasen; el parte
médico decía: "Presenta quemaduras en tráquea y teji-
do pulmonar") y le das dos o tres vueltas con tu propio

coche; sí, sí, has leído bien: vas con tu propio coche, pagas 29€/vuelta (Tarifa de 2016) y pisas a fondo. No estamos hablando del circuito de carreras, que tiene 5 km, sino del circuito completo, que tiene 25. Condiciones: carnet de conducir, cinturón puesto, revisión de neumáticos y que luzca el sol; sólo con que caiga media gota ya se cierra el circuito a los coches particulares. Es una experiencia interesante siempre y cuando no te vuelvas loco y quieras adelantar a los coches deportivos que viven allí, y que se pueden alquilar; sí, sí, has vuelto a leer bien, se pueden alquilar, incluso para organizar carreras entre amigos. Una vuelta al circuito completo con el Toyota GT 86 de 240CV o con el VW GOLF 7 GTI de 230CV o con el BMW 228i de 245CV, 249€/coche, cursillo de pilotaje y seguro incluidos. También están disponibles el BMW M4 Coupé y el Porsche GT3 911, pero prefiero no poner lo que cuesta una vuelta. En todo caso, a quilar uno de estos deportivos son palabras mayores. Es mucho más sencillo conformarse con echar carreras en la pista de Karts adyacente al circuito, que, por cierto, es una pista cubierta de lo más enrevesada, con una única recta de 80 metros. (Fotografía 40).

Aquí tienes más datos: http://www.nuerburgring.de/

Y por la tarde, suponiendo que te hayas hartado de olor a gasolina, te vas al ***Adler und Wolfspark***, uno de los pocos sitios donde siguen viviendo lobos salvajes en completa libertad; espero que no te den miedo.

Si con lo anterior haces corto, puedes ir también a ***Bad-Münstereifel***, donde verás conviviendo en perfecta armonía una impactante fortificación del siglo XIII, una abadía románica del siglo X y un artilugio que ya no puede ser más moderno: el radiotelescopio Max Planck.

(Fotografía 40)

Por si la idea de ir al circuito de *Nurburgring* te ha puesto los dientes largos, te advierto dónde está el problema: como elijas mal la fecha te encontrarás esto en la entrada. Aunque suene raro, lo mejor es ir un lunes con el desayuno recién puesto.

XI.- Rheinland-Pfalz

Limítrofe con Francia, con Luxemburgo y con Bélgica, Rheinland-Pfalz ofrece un gran contraste paisajístico desde las zonas boscosas del norte hasta las zonas agrícolas del sur. En esta región, merece visitarse **Annweiler**, desde donde resulta muy fácil subir a lo alto del monte *Trifels*; allí se encuentra la fortaleza donde Ricardo Corazón de León pasó encerrado el año 1193; puede visitarse el minúsculo calabozo donde lo tuvieron retenido. También puede ser una visita muy original "la ruta de las gemas", que va desde *Idar* hasta **Obersteim**; a lo largo del recorrido puedes visitar los talleres de numerosos joyeros y gemólogos, que venden sus productos y ofrecen cursillos de iniciación. En tercer lugar, puedes visitar **Trier** y hacer el recorrido desde **Trier** hasta **Coblenz**; pasarás por **Cochem**, donde te esperan unos lagos volcánicos en los que el baño está autorizado, y 15 km después llegarás el **Burg Eltz**, un castillo del siglo XIII muy bien conservado, que merece visitarse aunque del parking al castillo hay una considerable caminata. (Fotografía 41)

(Fotografía 41)

El camino desde el parking hasta el castillo es como un viacrucis (hay un minibus para las personas que no se atreven a hacerlo andando) pero merece la pena: el lugar es bellísimo; y la visita al interior del castillo, muy interesante. Cuando estuvimos mis compañeras de aventuras y yo, coincidimos con un grupo de ingleses, así que compramos las entradas con ellos, dispuestos a escuchar las explicaciones del guía inglés; entramos al castillo pensando "Qué suerte hemos tenido, vamos a entender casi todo". ¡Viva el optimismo! Una hora intentando procesar el vocabulario medieval que manejaba aquel joven nos dejó el cerebro centrifugado. El mío tardó tres *Warsteiner* en reponerse del susto.

XII.- Saarland

Con capital en **Saarbruken** y una notoria influencia de la cercana Francia, **Saarland** es uno de los estados federados de la **Bundesrepublik**, aunque no llega a la superficie de Soria ni al millón de personas. Es digna de mención la Abadía benedictina de **Mettlach** (siglo XVI), donde llevan siglos fabricando una cerámica de calidad excepcional. Igualmente digna de verse es la **Hunnen-ring**, una impresionante muralla celta del siglo II antes de Cristo, construida por acumulación de miles y miles y miles de piedras del tamaño de patatas gordas y sorprendentemente bien conservada en la ladera del monte **Dollberg**, a un kilómetro escaso de **Nonnweiler**; visita inexcusable para quienes sienten curiosidad ante los monumentos megalíticos. Por cierto, siempre hay quien dice "Esto no tiene la dificultad de Stonehenge o la dificultad de Carnac o la dificultad de las Pirámides; esto está hecho con piedras pequeñas". Vale, vale, no tiene dificultad porque las piedras son pequeñas… pero nadie sabe de dónde las trajeron; las de la zona son distintas.

Finalmente, en **Coblenz**, ciudad con el casco histórico lleno de tenderetes callejeros, nos espera una visita obligada: la fortaleza Ehrenbreitstein (**Ehrenbreitstein Felsenfestung),** totalmente reconstruida (incluye numerosas tiendas, un museo, un mirador panorámico y un restaurante) después de que Napoleón la destruyese en 1801.

XIII.- Sachsen

Aquí, el protagonismo le corresponde a la ciudad de **Dresden**. En febrero del 45, con la Segunda Guerra Mundial más que decidida a su favor, los Aliados ponen en marcha un bombardeo sistemático de la ciudad, dividido en cuatro oleadas nocturnas y dos diurnas. En el ranking de la destrucción, tras las medallas de oro, plata y bronce, que corresponden a territorio japonés, con Hiroshima y Nagasaki reducidas a polvo por un bombardeo nuclear y Tokio convertida en cenizas por un bombardeo incendiario (*ashes to ashes, dust to dust*), el diploma del cuarto puesto le corresponde a **Dresden**, donde cayeron en cuatro días, como mínimo, 1.500 toneladas de bombas incendiarias y 3.500 toneladas de bombas convencionales, incluidas las Blockbuster transportadas por los Lancaster británicos – los únicos que podían con ellas – con tonelada y media de material explosivo por bomba. El resultado fue la destrucción casi total del núcleo urbano de **Dresden**, con un número de víctimas difícil de concretar. Se ha discutido mucho sobre el motivo bélico de tal bombardeo, ya que en **Dresden** no había más que un puñado de fábricas. Pues yo no entiendo dónde está el misterio; el Alto Mando de la Royal Air Force le dio a sus aviadores, por escrito, la razón del bombardeo: "Cuando los rusos pasen por allí, queremos que entiendan de qué es capaz la RAF". *Soobshchénye polúcheno.* (Fotografía 42)

(Fotografía 42)
Cuando una ciudad es destruida por un bombardeo tan masivo como el que sufrió Dresde, la reconstrucción total es imposible. Por ejemplo, la iglesia de Santa Sofía no se reconstruyó jamás. Tras la guerra, Dresde pasó a formar parte de la RDA, y las autoridades comunistas no tenían la reconstrucción de iglesias entre sus prioridades, ya fuese grande o pequeño su valor artístico.

A fecha de hoy, **Dresden** es una ciudad acogedora, elegante, con personalidad propia. Destacan las orillas del río Elba, habilitadas como inmensas zonas verdes, y el casco antiguo, con centro en la **Theaterplatz**, minuciosamente reconstruido.

Antes de abandonar **Sachsen**, puedes coger en **Dresden** la carretera 172 y poner rumbo a **Bad-Schandau**, donde podrás decir que estás a un paso de la República Checa y podrás irte de excursión tanto al sur como al norte de la ciudad; al sur está el **Schrammstein**, un conjunto rocoso con formas tan caprichosas que parece mentira que las haya hecho el azar de la erosión fluvial; y al norte está el Bastión, una roca gigantesca con un mirador a 200 m sobre el Elba; si no tienes ninguna enfermedad cardiaca y no te asusta la delgadez de la barandilla, puedes asomarte y echar un vistazo.

XIV.- Schleswig-Holstein

Lübeck, una resplandeciente ciudad, atravesada de norte a sur por numerosos brazos de mar, es la más grande de la región, y bien se merece que te pases una mañana callejeando por ella sin rumbo prefijado. Pero luego, por la tarde, acércate al **Brodtenersteilufer**, un imponente acantilado de 5 km de longitud con unas inigualables vistas al Báltico; puedes ir dando un paseo: está a menos de 2 Km del centro de Lübeck. Vuelves del acantilado y te vas a merendar a **Niederegger**, en la esquina de **BreiteStrasse** con **HüxStrasse**, uno de los locales donde puede saborearse el exquisito **Lübecker Marzipan** (mazapán de Lübeck). Si miras de frente la entrada principal de la **MarienKirche** (Iglesia de Santa María), con sus inconfundibles torreones verdes, **Niederegger** está dos calles a tu derecha.

De **Lübeck** nos vamos a **Kiel**, para lo cual hacemos un recorrido en coche verdaderamente idílico, atravesando la **Holsteiniche Schweiz** – la Suiza de Holstein –. Cuando llegues a **Kiel**, estarás en el extremo noreste del **Nord-ostseekanal** (en el extremo suroeste está **Brunsbüttel**), una impresionante obra de ingeniería que comunica el Mar del Norte con el Báltico, partiendo Alemania en dos y evitando que los barcos deban rodear Dinamarca. Tiene 110 km de recorrido por 165 m de anchura, con una profundidad de 11 m. Durante la Segunda Guerra Mundial, **Wilhemshaven** y **Kiel** fueron las dos principales bases de submarinos, de cuantas tenía en territorio alemán la **Kriegsmarine** (Marina de Guerra). Sin este canal, mantener operativa la base de **Kiel** apenas habría tenido sentido; a pesar de ello, inutilizarlo nunca fue una prioridad para los Aliados.

En esta región, también merecen la pena **Husum** y **Flensburg**. Esta última es la ciudad más al norte de toda Alemania, con Dinamarca a dos pasos — de hecho, se puede ir a Krusa dando un paseo; basta con seguir el camino paralelo a la carretera 200; puede ser muy instructivo ver que la frontera no es más que un puñado de baldosines grises; te tomas un par de cervezas en territorio danés y te das otro paseo de vuelta –. Respecto a **Husum**, resulta que es la ciudad con las mayores mareas de toda Europa, pudiendo llegar a los nueve metros de diferencia entre la bajamar y la pleamar de un mismo día. Con la marea baja, se puede ir andando hasta los islotes que se ven desde el puerto y desde la **NordseeStrasse**, pero ojito que cuando sube la marea se quedan completamente sumergidos la mayoría de ellos. No se puede tontear con el horario de las mareas: hay que estar seguro al cien por cien.

XV.- Thüringen-Erfurt

Puedes empezar la visita a la región de **Thüringen** por **Eisenach**, donde podrás admirar la robustez de su **Wartburg Schloss** (siglo XI), en una de cuyas celdas vivió Martin Lutero durante 1521 y donde tradujo, del griego al alemán, el Antiguo Testamento ¡COM-PLE-TO! en diez semanas. A muchas personas, en diez semanas no les daría tiempo ni a leerlo. En el primer piso del castillo hay un pequeño museo, con seis cuadros de Durero.

Puedes continuar visitando **Hammeln** – en español, Hamelín –. Durante la primavera y el verano se celebra en la plaza del **Rathaus**, todos los domingos a mediodía, la "Fiesta del Flautista y las Ratas", **die Rattenfängenspiele**; una fiesta llena de colorido, en la que quien más quien menos intenta vestirse con ropa que parezca del siglo XIII.

Y por supuesto, puedes recorrer cientos y cientos de caminos "salvajes", que harán las delicias de cualquier aficionado al senderismo; por ejemplo, puedes recorrer el mítico **Rennsteig**, un camino medieval que a fecha de hoy presenta dos recorridos paralelos, el pedestre y el "biciclitero"; en total, 170 Km que atraviesan montes, bosques, riachuelos y praderas. Lo más normal es conformarse con salir o bien de **Eisenach** o bien de **Blankenheim**, recorrer tres o cuatro kilómetros y dar media vuelta. Pero está señalizado el recorrido entero, hay albergues y casetas para dormir cada diez o doce kilómetros y todos los veranos hay gente que completa el **Rennsteig**. Incluso hay quien presume de haberlo hecho andando "de viernes a lunes". A fecha de hoy, yo no sé si lo lograría "de viernes a viernes". Respecto a los aficionados a la bici, muchos lo completan en un día.

13.- SEIS VISITAS RECOMENDADAS.

Como punto final, he pensado añadir seis visitas recomendadas, que rompan con el tópico de tener que elegir entre Berlín y Múnich; lo cual, salvando las distancias, viene a ser como si un extranjero quiere conocer España y le dicen "o Madrid o Barcelona".

Voy a ver si soy un poquito más original. Al menos, tanto como cuando recomendé visitar el U 995.

Primera idea: La fábrica de Colonia.

¿Por qué la colonia se llama colonia? Porque "Agua de Colonia" es la más antigua denominación registrada de un perfume. Lo inventó y lo registró Juan María Farina en 1709, mientras vivía y fabricaba perfumes en... Colonia, exactamente. ***Köln***, en alemán. Visita el Museo del Perfume, en ***ObenmarspfortenStrasse 21, Köln***, y cómprate un frasco de la fórmula original de 1709 (*Fotografía 43*). A dos pasos tienes la plaza del ayuntamiento y una bonita zona peatonal que llega hasta la orilla del Rhein. De los puentes no hagas mucho caso: a tu derecha, el puente de la autopista y a tu izquierda el puente del ferrocarril. A cual más feo. Pero, entre puente y puente, ¿ves un edificio medio gris medio azul? Es el Museo del Chocolate, ***das Schokoladenmuseum***. Adéntrense, mis guates, y vengan con apetito. Siguiendo esa misma orilla, con el ***Rhein*** a tu derecha, están el ayuntamiento, digno de verse, y la impresionante Catedral de Colonia, que bien se merece un buen par de horas. En los alrededores hay un montón de sitios para comer, incluido – Dios nos perdone a todos – un McDonald's. Según miras de frente la entrada principal de la catedral, el McDonald's está a tu izquierda. Forma parte de la cultura viajera comprobar hasta qué punto los McDonald's son idénticos en todas partes. Sin embargo, entras en un chino español, en un chino francés y en un chino alemán ¡y no se parecen en nada! De donde se deduce la altísima capacidad de los chinos para adaptarse al entorno y para utilizar los recursos disponibles. También podrían hacerse diversas deducciones sobre la comida que dan en McDonald´s pero las dejaremos para otra ocasión.

Fotografía 43:

El famoso frasco azul "*Echt kölnisch Wasser*","Agua de Colonia original". La primera fábrica estaba en la calle *Glokengasse,* en la casa número 4711 según el sistema de numeración de edificios del siglo XVIII. De ahí que todos los frascos sigan llevando esa cifra como una seña de identidad. Si estás pensando "Seguro que vale un dineral", te equivocas. Frasco de 90 mL, 13€. Precio de 2016.

Segunda idea: Wewelsburg Schloss.

En el escalafón jerárquico de la Alemania nazi, los puestos más altos estaban ocupados por Adolf Hitler, Hermann Goering, Reinhardt Heydrich (sustituido a su muerte en 1942 por Ernst Kaltenbrunner) y Heinrich Himmler. Posiblemente era este último el que tenía la cabeza más llena de pájaros; no en vano creía ser la reencarnación del rey sajón Enrique Primero, el Pajarero (***Heinrich I, der Vogler***). Llevado de sus variopintas obsesiones y siendo Jefe Supremo de las SS, mandó edificar en las inmediaciones de ***Paderborn*** un castillo de aires medievales donde pudiera reunirse con sus Generales, el castillo ***Wewelsburg***; en el que, entre otras reliquias sagradas, pensaba guardar la Lanza de Longino; de ahí que visto desde el aire tenga forma de punta de lanza y de ahí que una larguísima carretera recta lleve hasta él, para simular el mango de la lanza. Dicho castillo, con su sala de ceremonias, con sus símbolos ocultistas grabados en suelos y paredes, con su inquietante sótano, no sólo puede visitarse como tal castillo sino que además cuenta en su interior con un museo, con un restaurante y con un albergue juvenil. Una visita de gran interés (agobiante en algunos momentos por lo que representa el edificio y por lo que puede verse en el museo), que tal vez le provoque ganas de estudiar Historia a quien nunca las haya sentido y que de seguro resultará fascinante para quienes hayan estudiado la Historia del Siglo XX. (*Fotografía 44*)

Fotografía 44 (Burgerbe.de):

Entrada principal del tenebroso ***Wewelsburg Schloss***. La visita al museo – incluye una silla cuya tapicería está supuestamente hecha con piel humana – es interesantísima a la vez que te pone los pelos de punta. Por increíble que parezca, a continuación de haber visitado el museo puedes comer en un restaurante luminoso, moderno y muy agradable, situado dentro del mismo castillo. Una jornada de grandes contrastes, que puede resultar difícil de asimilar.

Tercera idea: La tumba de Carlomagno y después un baño.

Es obvio que Europa no sería Europa si no hubiese existido Carlomagno (*Karl der Grosse:* Carlos I, el Grande); Europa sería otra cosa. La tumba de esta figura clave de nuestra historia, puede verse en la catedral de Aquisgrán (*Aachen*), muy cerca de la frontera belga. En el mismísimo centro de *Aachen*, al final de *Ursuliner-Strasse*, está la catedral (*Aachener Dom*); y en el interior de la catedral, en un sarcófago revestido de oro, junto a unas vidrieras muy llamativas, reposan desde hace 1200 años los restos de Carlo Magno. Una buena excusa para visitar *Aachen*, para ver el interior de su catedral y para callejear por su casco antiguo. Si salimos de la catedral por su lado norte, saldremos a la plaza *Katschhof*; en el otro extremo de dicha plaza tienes el Ayuntamiento, edificado sobre lo que aún se conserva del Palacio de Carlomagno; a tu izquierda, el primer edificio, de aspecto antiguo, es una iglesia; el segundo, con el tejado puntiagudo, es una escuela de música; el tercero, el edificio acristalado de dos plantas, es el Museo Carlomagno, que no hace falta decir a quién está dedicado. Si sales del centro y coges dirección noroeste, tienes a media hora de paseo o a diez minutos de coche los baños termales, las *"Carolus Thermen bad Aachen"*, *PassStrasse 79*, junto al *StadtGarten*. No te lo pierdas. Piscinas de agua helada, de agua fría, de agua templada, de agua caliente, de agua abrasadora, con corriente, sin corriente, con burbujas, sin burbujas; saunas de vapor, saunas secas; sauna finlandesa con piscina a medio metro para que te tires dentro (temperatura ambiente) nada más salir de la sauna (95 grados), experiencia IM-BORRABLE si sobrevives al calambre cardiaco; una enorme piscina templada con arbolitos alrededor llamada

"Mediterráneo"; una zona de baños embaldosados al estilo romano... Si no tienes bañador ni toalla te los venden al entrar (Para hombre tienen doce modelos de bañador y para mujer cien, tirando por lo bajo; toallas y albornoces, más de los que soporto mirar sin marearme. Luego te los llevas de recuerdo). Te ponen una pulsera que detecta en qué piscinas te has metido y cuando te cansas y te vas, la pulsera decide cuánto tienes que pagar. Como referencia, dos horas y media en el paraíso acuático, 12 euros.

Dos advertencias importantes: Primera: por la zona de las saunas – que en teoría no es mixta pero en la práctica sí – la gente va desnuda y nadie se escandaliza; es preferible saberlo de antemano. Segunda: si entras en la zona de los masajes y te apuntas a que te den uno, asegúrate de que has entendido bien el precio. Hay más de veinte para elegir; desde el masaje básico de 30 euros (**Entspannungsmassage**) hasta el "1001 noches" (**1001 Nachts**) que dura dos horas y cuesta 180 euros. Masaje especial anticelulitis: 60 euros. (*Fotografías 45 y 46*)

Por si te animas a ir, un poco de vocabulario:

DIE BADEKABINE: El vestuario (individual)

DER BADEANZUG: El bañador femenino de una pieza (el de dos piezas se llama bikini aquí y en Marte)

DER BADEHOSEN: El bañador masculino

DAS SCHWIMMBAD: La piscina

DER STRANDSTUHL: La tumbona

DIE UMKLEIDERÄUME: Los vestuarios (edificio o sala)

DER WELLENGANG: El oleaje o la corriente

DIE BRAUSEN oder DIE DUSCHEN: Las duchas (son sinónimos, aunque DUSCHEN suele referirse a las de casa y BRAUSEN a las compartidas en gimnasios, piscinas, polideportivos...)

DAS HANDTUCH: La toalla de mano

DAS BADETUCH: La toalla de baño

DER MANTELTUCH: (No confundir) El pañuelo

DAS BADEMANTEL: El albornoz

¿Y cuántas entradas pedimos?

Dos adultos y un niño: *Zwei Erwachsene und ein Kind.* Dos adultos y dos niños: *Zwei Erwachsene und zwei Kinder.* Un adulto y tres niños: *Ein Erwachsen und drei Kinder.* Cuatro adultos y cinco niños: *Vier Erwachsene und fünf Kinder*...

¡Fácil! Sin problema... *Kein Problem.*[17]

Esta es su página web: www.carolus-thermen.de

---

[17] *Kein Problem* es el equivalente al "Pas de problème" francés, al "No hay problema" español y al "No problemo" de Terminator. También es lo apropiado en esas situaciones en las que alguien choca contigo, te tira las bolsas y, aunque por dentro estás pensando otra cosa, en voz alta dices "No pasa nada, no pasa nada". En alemán, ya sabes, *Kein Problem*. Si a veces te encuentras frases con *Keine Probleme* en lugar de *Kein Problem*, échale la culpa a los misterios de las declinaciones. Por ejemplo, hay un viejo chiste que dice así: *"Bier löst keine Probleme, Milch aber auch nicht!"*. "La cerveza no resuelve los problemas, pero la leche tampoco".
Literal: "Cerveza resuelve ningunos problemas, leche pero también no". Si te pones a estudiar un idioma – sea el que sea – recuerda este ejemplo que acabamos de ver: las traducciones literales NO VALEN PARA NADA.

Fotografía 45:
Entrada principal de las ***Carolus Thermen Bad Aachen.***
Por fuera da una impresión engañosa: parece un edificio
pequeño. En realidad, es gigantesco.

Fotografía 46:
La sauna finlandesa, con la piscina de agua fría al lado. Las
escaleras son para salir del agua; no para entrar. Dicen que
salir de la sauna a 95°C y saltar de golpe y porrazo al agua fría
es sanísimo. Pues el que quiera que se vaya metiendo; os
espero en el jacuzzi de agua templada. Cuando veáis a alguien
del que sólo sobresalen la cabeza y una mano sujetando una
cerveza negra, ese soy yo.

Cuarta idea: Hermann Denkmal und Externsteine.

Desde *Bielefeld* hasta *Hardegsen* y desde *Rinteln* hasta *Warburg,* se extiende el impresionante *Teutoburgerwald* (http://www.teutoburgerwald.de/), que podría traducirse como el Bosque de los Teutones

No estamos hablando de un bosque salvaje (por supuesto que conserva rincones salvajes) sino de un bosque con una red de caminos perfectamente señalizados que suman bastante más de 300 Km. Como es obvio, no te voy a recomendar que te los recorras todos. Pero sí dos ejemplos, que le dedico de todo corazón a los aficionados al senderismo.

El ejemplo número uno nace en *Oerlinghausen*, más concretamente en la plaza del centro del pueblo, junto a la puerta de la iglesia (Si iglesia se dice *"Kirchen"*, ¿cómo se dirá "La iglesia de Oerlinghausen"? *Oerlinghausenkirchen*. Exactamente; ya estás desarrollando la circuitería cerebral necesaria para hablar alemán). Ya estamos en la puerta de la iglesia... ¿Ves un cartel de madera con una "H mayúscula blanca sobre fondo negro?". Muy bien. Los carteles de madera indican caminos para recorrer a pie, sin demasiada prisa, disfrutando del paisaje; cada camino está marcado por una letra o un símbolo. Esa H blanca es el distintivo del camino que lleva desde *Oerlinghausen* hasta el Monumento a Hermann (*Hermannsdenkmal*) (*Fotografía 47*); como camino se dice "Weg", si lo recorres estarás recorriendo el *Hermannsdenkmalweg*; y como está señalizado con una "H", esa "H" es "La marca del camino que lleva al monumento a Hermann"; o sea, esa "H" es la *Hermannsdenkmalwegmarkierung*. ¿A que ya le vas cogiendo la gracia a estas palabras tan largas que parecen estar montadas al revés? Puede que la caminata propuesta también te parezca larga, pero no hace falta ser un atleta profesional ni mucho menos: 18 km rumbo sureste, a través de un bosque precioso, sin posibilidad de perderse porque hay *H-Markierungen* de sobra y la mayor parte del camino es cuesta abajo; previsión: cuatro horas y media. Le dedicas la mañana y comes junto a la estatua de *Hermann*. Eso sí, es preferible quedar con alguien que vaya al *Hermannsdenkmal* en coche y te espere allí para no tener que hacer otros 18 km de vuelta, que eso ya no cabe en una mañana. Aquí tienes un enlace con todos los detalles de la ruta propuesta:

http://www.hermannshoehen-tourenplaner.de/ar-hermannshoehen/de/alpregio.jsp?navid=15#i=1490779&tab=TourTab

Si alguien se queda con ganas de andar más, rodeando la estatua de *Hermann* (es inexcusable subir hasta el mirador y ver el bosque desde arriba) hay varios kilómetros de caminos concéntricos.

El ejemplo número dos se llama *Externsteine*. Como "*Steine*" es el plural de piedra (*der Stein*), esa palabra viene a significar algo así como "Las piedras del exterior"; lo cual, según algunos, tiene connotaciones extraterrestres en las que no vamos a entrar. En todo caso, es una formación geológica muy llamativa, con un pequeño parking a menos de doscientos metros. Dejas allí el coche, metes todo lo que te pueda hacer falta en la mochila y te acercas a "Las extrañas piedras". Rodéalas, sube, baja, acércate al algo, cruza el puente de los miedosos, hazte fotos, descifra las extrañas inscripciones que llevan siglos sin ser descifradas, hazte más fotos, bebe agua, recorre la orilla del lago... Es el sitio ideal para sacar al fotógrafo que llevas dentro. (*Fotografía 48*)

Fotografía 47:

¿Una estatua de setenta metros en medio del bosque? Pues sí...
El monumento a Hermann[18]. Ciudadano romano de pleno
derecho y oficial de las legiones romanas, se rebeló contra
Roma cuando ésta intentó conquistar Germania por la fuerza y
no por la razón. En la batalla de Teutoburgo (año 9), las
legiones 17ª, 18ª y 19ª, comandadas por Publio Quintilio Varo,
fueron destrozadas por los hombres de Hermann, que también
resistieron a las nuevas fuerzas romanas comandadas por Julio
César Germánico, quien en el año 13 llegó a acumular 85.000
soldados romanos en la región. La derrota le llegó a Hermann
de manos de su suegro, Sigestes. Fiel colaborador de los
romanos, empezó por entregarles a su propia hija (de la que no
volvió a saberse) con tal de debilitar a Hermann y acabó por
asesinarlo con sus propias manos a mediados del año 21.
Paradojas del destino: el propio imperio romano estaba ya
herido de muerte en esas fechas.

____

[18] *En realidad, se llamaba Armin. En calidad de legionario
romano, su nombre quedaba latinizado como Arminius o
como Arminio. La idea de rebautizarlo con un nombre cien
por cien alemán (Hermann) fue de Martin Lutero. Y con ese
nombre se ha quedado.*

Fotografía 48 (Reiner Lippert):

La curiosa silueta del conjunto geológico *Externsteine*, vista desde el suroeste, con el puente de los miedosos a la izquierda. Venir hasta aquí andando desde el *Hermannsdenkmal* tiene poco misterio: la distancia no llega a tres kilómetros y para orientarse basta con mantener el bosque a la derecha y *Detmold* (el pueblo que se ve en la fotografía 33) a la izquierda. Poco antes de llegar, cruzarás un pueblecito llamado *Holzhausen*, que si no significa "Las casas de los leñadores" poco le falta. *Holz*: leña.

Aquí tienes un enlace con todos los datos sobre este lugar tan *"extraterrestre"*:

http://www.externsteine-
teutoburgerwald.de/touristische_hinweise.html

Quinta idea: El lago Constanza, (Der Bodensee).

Desde la orilla alemana del *Bodensee* se contempla un paisaje excepcional, con los Alpes al otro lado, en la orilla suiza. (*Fotografía 49*)

Puedes recorrer el lado alemán de sur a norte. Primera parada, *Lindau*, ciudad relativamente grande, con casi 30.000 habitantes. Seguiremos por *Nonnenhorn*, un pueblo muy pintoresco, con unas vistas del lago absolutamente privilegiadas y con su famoso campanario gris de aspecto bizantino. Quien quiera darse un baño y comprobar lo fría que está el agua, puede hacerlo aquí: en el extremo este de *WasserburgerStrasse* hay una auténtica y genuina playa de arena; con agua dulce, eso sí.

Para completar la orilla alemana nos faltarían *Kressbronn, Langenargen, Friedrichshaffen, Immenstaad y Meersburg*. En este último, podemos coger un ferry que nos lleve a territorio suizo. *Kein Problem*: también allí hablan alemán.

En este enlace tienes todos los datos necesarios para planificar el viaje.

http://www.meersburg.de/en/Tourism/Service-for-visitors/Navigation+Ferry

Fotografía 49:

A este lado del ***Bodensee***, ***Lindau***, con su famosa "Isla de los hoteles"[19]; al otro lado, la majestuosidad de los Alpes suizos. En un sitio tan atractivo, los ojos no saben a dónde mirar. En los tiempos de las cámaras fotográficas con carrete, todo el mundo contaba la misma anécdota: *"En Lindau me compré cuatro carretes nuevos y gasté los cuatro"*.

---

[19] *Se ha quedado con ese nombre por un error relacionado con el genitivo sajón. En realidad, no es "La isla de los hoteles", sino que en la isla hay un hotel que se llama "El hotel de la isla".* **Insel-Hotel** *. El verdadero nombre de la isla es* **Hintere Insel***, aunque el nombre oficioso tampoco es que le siente mal: en la isla hay once hoteles, entre los que destacan el* **Bayerischer** *y el* **Helvetia***, con las ventanas de las suites de lujo mirando al norte. Si tu bolsillo te lo permite – el mío seguro que no (habitación doble en Julio, 300 euros/noche) – ya sabes dónde reservar. Si tu bolsillo es como el mío, en la mismísima orilla del lago tienes un camping excelente, el* **"Park Camping Lindau am See"***. Y, por supuesto, hay docenas de* **Ferienwohnungen** *en alquiler, que te dan la libertad de vivir en tu propia casa y te van a costar bastante menos.*

Sexta idea: Berchtesgaden.

Si te instalas en **Berchtesgaden** – tienes para elegir **Campings, Hotels, Ferienhauser, Gästehauser, Ferienwohnungen und Bauernhofe[20]** – podrás contemplar un

---

[20] *Buenos ejemplos de plurales: añadiendo "s", añadiendo "er", añadiendo "en", añadiendo "e". La primera de las cuatro opciones, impropia del alemán, vemos que se usa en "Hotel" y en "Camping"; o sea, en palabras prestadas de otros idiomas. En español estamos acostumbrados a añadir siempre "s" o "es", pero en alemán cada palabra forma el plural de una manera distinta, según criterios morfológicos, fonéticos o a veces históricos. O sea, que cada plural es de una manera. Esto se dice de una forma muy gráfica en gallego: "Cada un vai ao seu xeito" o en portugués "Cada un tem o seu jeito". Aprovecho la ocasión para explicar algo: si no siento temor alguno cuando se trata de hablar en idiomas que soy consciente de que no domino, es gracias al gallego. Nací en Zaragoza, en calidad de descendiente de emigrantes gallegos; así que durante mis años de infancia y adolescencia me pasaba el curso hablando en castellano y cuando llegaba el verano me iba a Galicia, sobre todo a Betanzos, y me pasaba un mes o más intentando pronuciar bien el gallego; idioma que, por supuesto, es el que hablan los gallegos en los pueblos de Galicia, no esa mezcolanza infecta que hablan los políticos en la tele. Pero ese es otro asunto distinto. Recuerdo con toda nitidez una escena. Yo debía tener cinco o seis años... Mi madre está a mi lado, le digo "Mamá, mamá, al agua la llaman **auja**, a la bolsa de patatas la llaman **a bolsa das patacas** y a esa especie de lechuga fea la llaman **nabiza**". "Pues mientras estés aquí, haz tú lo mismo". Vayas a donde vayas, el consejo sigue siendo el que me dio mi madre: usa las palabras que usan ellos, pronúncialas lo mejor que sepas, desconecta la vergüenza, habla. Si quieres que tus hijos no le tengan miedo a los idiomas, acabo de darte el truco: llévalos cuanto antes a sitios donde la gente llame al agua de otra manera (Wasser, water, de l'eau, acqua, auja...), donde la gente diga "Buenos días" de otra manera (Guten morgen, good morning, bonjour, bon giorno,*

paisaje que quita el aliento: la ciudad está situada en un valle de los Alpes alemanes, toda rodeada de montañas (*Fotografía 50*).

Fotografía 50:

Berchtesgadenkirchen. Al fondo, los dos picos principales del macizo alpino ***Watzmann: die Watzmannfrau und das Watzmannkinder***. ¿Te das cuenta? Ya no necesitas que te lo traduzca. Muy cerca, al oeste, se encuentra el ***Zugspitze***; el pico que aparece en la portada del libro.

Pero, en lugar de quedarte todo el tiempo en el propio **Berchtesgaden**, te propongo cuatro excursiones por sus alrededores. A la primera puede apuntarse todo el mundo: ni es cuesta arriba ni tiene el más mínimo riesgo; la visita al **Königsee** (El lago del rey; "**König**" es rey y

---

bós días...) y proponles un juego: "Vamos a hablar como ellos". ¿Qué niño puede resistirse a jugar? Cuando pasen los años y en la escuela les digan que tienen una asignatura que se llama "Francés" o "Inglés", dirán "Mira qué bien, una hora jugando". Y si el juego es "Alemán" ya ni te cuento lo animadas que son las partidas, montando esos preciosos trabalenguas que parecen estar cabeza abajo.

"*Königin*" es reina; para oídos alemanes, "*in*" es una terminación claramente femenina; "*Spanier*", español; "*Spanierin*", española; "*Lehrer*", profesor; "*Lehrerin*", profesora). Este lago de origen glaciar, que a veces se hiela en invierno permitiendo que la gente lo cruce a pie (la última vez, en Enero de 2006), dispone de un servicio de barcas turísticas acristaladas que se pasan el día cruzándolo de norte a sur, lo que permite vivir durante unos momentos la sensación de estar en un fiordo noruego (Ojito con el frío; aquí no tiene sentido ir en manga corta más que diez o doce días al año). En el extremo norte del lago está *Seelände*, que prácticamente no es más que el puerto y seis casas alrededor; en el extremo sur está *Saletalm*, que no debe llegar ni a doscientos habitantes; y en el centro está *Saint Bartolomä*, que es una iglesia de aspecto eslavo por fuera y barroca por dentro, con el puerto, tres casas y una *Gästehaus*. Con precios de 2015, billete familiar – dos adultos y cuatro menores de 18 años – ida y vuelta de *Seelande* a *Saletalm*, 42 euros; ida y vuelta: 2 horas. Inolvidable. Los perros pagan 3 euros. Los humanos menores de 7 años, gratis.

He empezado este párrafo con "puede apuntarse todo el mundo" y ahora que lo pienso me arrepiento de haber empezado así: las personas en silla de ruedas lo tienen complicadísimo para acceder a las barcas, tanto a las de 10 metros (25 personas) como a las de 22 metros (85 personas). Mis disculpas. Al interior del submarino "aparcado" en Laboe tampoco se puede entrar con silla de ruedas. Mis disculpas, otra vez.

A la segunda puede apuntarse cualquiera que esté dispuesto a recorrer un camino que andando a paso normal cuesta una hora y cuarto: recorrer a pie todo el contorno del *Hintersee*, cosa que puede hacerse sin ningún problema porque todo el contorno del lago es un camino peatonal, igualito que una acera en algunos tramos y sendero sin asfaltar en otros. El *Hintersee* viene a ser como un hermanito muy pequeño del *Königsee*. Desde ambos puede admirarse la imponente majestuosidad de los Alpes; en ambos puede invadirte la sensación de que querrías quedarte para siempre.

En estos enlaces tienes toda la información necesaria sobre las dos primeras excursiones propuestas.

http://www.koenigssee.com/gemeinde-schoenau.htm

http://www.berchtesgadener-land.com/info-service/ausflugsziele/seen-klammen/hintersee-bei-ramsau

Ahora empiezan las excursiones restringidas.

La tercera está desaconsejada a quienes tengan vértigo y la cuarta a quienes sientan miedo ante la idea de cruzar puentes hechos de tablones atados con cuerdas.

La tercera excursión consiste en subir a la *Kehlsteinhaus*. Como ya vamos sabiendo alemán, en seguida nos damos cuenta de que se trata de la casa (*das Haus*) edificada sobre una piedra (*der Stein*) llamada Kehl. Y esta piedra, ¿dónde está? En lo más alto de una montaña, la *Obersalzberg* (*Ober*: sobre; *das Salz*: la sal; *der Berg*: la montaña; "La montaña sobre las salinas"), un impresionante pico de 1840 metros, con una caída vertical por su lado sureste que te corta la digestión si te atreves a asomarte a la valla. Construir un chalet en semejante ubicación (la dificultad del proyecto ya no podía ser mayor, gran parte de los materiales de construcción los tuvieron que subir atados a la espalda montañeros de la zona, la cimentación debió ejecutarse sobre roca de gran dureza y, esto es lo peor, costó la vida a doce operarios) fue un capricho de Martin Bormann, que quería regalárselo a Adolf Hitler el día de su

50º cumpleaños. En realidad, Hitler no pasó en este lugar ni diez noches (no le hacían gracia las alturas y tenía una enorme residencia a su gusto en las afueras de **Berchtesgaden**). En abril de 1945, la **Kehlsteinhaus** fue conquistada por la Tercera División de Infantería y hasta 1960 fue propiedad de los Estados Unidos de América, que le pusieron de nombre "Nido del Águila"; por alguna razón que yo no sé, decidieron mantenerla en pie, a diferencia de las otras residencias usadas por Hitler, que fueron todas demolidas. Hoy día es un estupendo restaurante (no esperes llegar y tener mesa; hay que reservar con semanas de antelación); un sobrecogedor punto de vista (los que sufren vértigo no pueden acercarse a la valla del lado sureste ni en broma; sirva como dato que si oyes ruido de avioneta debes mirar hacia abajo para verla pasar) y una visita turística de primer orden, a la que se accede por una carretera de montaña que por sí sola ya constituye un espectáculo inenarrable: está prohibida a coches particulares; sólo suben autocares con una marcha reducida especial; son 6 Km en los que se ganan 800 m de altura; los primeros 300 m tienen una pendiente del 24%. Algunos se asoman a la ventanilla con los ojos de par en par y otros sufren la subida con los ojos cerrados y preguntando "¿Falta mucho?". La alternativa es invertir dos horas en subir a pie por el camino de los montañeros. La visita guiada al interior de la parte histórica (en inglés, en alemán o en francés, entrando por los túneles subterráneos, llegando a la planta principal en el ascensor original de 1939) cuesta 20 euros por persona, dura casi una hora más lo que quieras demorar en la red de túneles y sin duda merece la pena. (*Fotografías 51 y 52*)

Fotografía 51:

La impresionante vista desde *Kehlsteinhaus*. Las personas con miedo a las alturas, es mejor que se queden en casa.

Fotografía 52:

No parece que a los chicos de la 3ª División de Infantería les asustase la ubicación de la *Kehlstainhaus*. Rompieron los muebles de madera y la chimenea de mármol para llevarse trozos de recuerdo, se bebieron todo lo que encontraron y se retaron a hacer equilibrios en las barandillas. Es un completo misterio por qué los aliados dinamitaron todas las otras residencias de Hitler y ésta en cambio la conservaron.

Y la cuarta excursión nos lleva a **Wimbachklamm**, una garganta producida por las aguas de los sucesivos deshielos, que han ido cortando la roca siglo a siglo. El lado oeste dispone de un entramado de madera con escalones que permite recorrer esta formación geológica hasta su nacimiento en el glaciar. ¡Ojo! El camino completo supone 3 horas de ida y 2 de vuelta, como mínimo; son 7'5 km con la entrada a 600 m sobre el nivel del mar y el glaciar a 1.100; o sea, que el camino de ida es MUY cuesta arriba. Hay rutas parciales señalizadas para caminar una hora o dos en lugar de seis, con puntos recomendados para dar la vuelta. ¿La gracia está en no darse la vuelta a mitad de camino, en completar toda la garganta, en llegar hasta el glaciar? Claro que sí, pero hay que ser consciente de que en ese caso estamos hablando de una excursión que te deja las pantorrillas molidas. A la entrada hay un cartel precioso: STARKE STROMÜNG LEBENGEFÄHRT. **Starke Stromüng** significa "Corriente fuerte"; **Lebengefährt** significa "Peligro de muerte". No hay que exagerar: si el camino se hace con el sentido común conectado, no hay peligro alguno. En todo caso, es una excursión restringida porque no pueden hacerla ni personas de movilidad reducida ni tampoco niños que no vayan debidamente acompañados. (*Fotografía 53*).

Aquí tienes todos los datos necesario para planificar la aventura.

http://www.koenigssee.com/wimbachklamm.htm

Fotografía 53:

Wimbachklamm, camino de ida. No hay palabras para describir la belleza de un lugar como éste, ni para describir el cansancio que te deja en las piernas. Los inexpertos en caminatas piensan "*Menos mal que la vuelta es cuesta abajo*", pero es precisamente el camino cuesta abajo el que te machaca las rodillas. Al fin y al cabo, un camino cuesta abajo (y más con escalones) consiste en miles de pequeños saltos. La amortiguación de cada uno de esos saltos corre a cargo de los meniscos de las rodillas. Así que, aunque se llevan en los pies, las plantillas amortiguadoras de gel están diseñadas para eso, para restarle presión a los meniscos. No te las olvides. Ni pretendas hacer una excursión como ésta llevando unas sandalias. O peor aún, unos zapatos de tacón. Si alguien piensa que exagero, le diré que he visto mujeres con zapatos de tacón recorriendo el cañón de Añisclo, caminando por los acantilados de Etretat e incluso visitando "La mer de glace", un glaciar de los Alpes franceses, al que puede subirse en tren desde Chamonix. Pensándolo bien... No sé qué es peor... Visitando "El mar de hielo" también te encuentras gente en manga corta. Y no son precisamente guerreros vikingos, en cuyo caso no tendría nada que objetar.

13.- GRAMÁTICA MÍNIMA.

Ya que el ***Wimbachklamm*** nos ha provocado tantas ganas de visitar Alemania, una chispa de gramática y una pequeña dosis de vocabulario no nos causarán daño alguno. Vamos allá.

1º Entender cómo funcionan las declinaciones

Supongamos que hemos preguntado cómo se dice en alemán "Maestra" y "Sobrino". En lugar de contestarnos con sólo dos palabras, nos han dado estas tablas:

	Maestra	Maestras
NOM	die Lehrerin	die Lehrerinnen
GEN	der Lehrerin	der Lehrerinnen
DAT	der Lehrerin	den Lehrerinnen
ACU	die Lehrerin	die Lehrerinnen

	Sobrino	Sobrinos
NOM	der Neffe	die Neffen
GEN	des Neffen	der Neffen
DAT	dem Neffen	den Neffen
ACU	den Neffen	die Neffen

Vale. Son dos tablas preciosas. ¿Y qué se supone que tengo que hacer con ellas? Pues construir frases.

En español expresamos la posesión con "del", "de los", "de la", "de las". Y por ejemplo decimos "El sobrino de la maestra". En alemán, para expresar esa misma idea, se usa el genitivo. Buscamos en la tabla "El sobrino en nominativo": *Der Neffe*; "La maestra en genitivo": *Der Lehrerin*. Lo ponemos todo junto…

et voilà…

Der Neffe der Lehrerin: El sobrino de la maestra.

Del mismo modo…

Die Lehrerin der Neffen: La maestra de los sobrinos.

Die Lehrerin des Neffen: La maestra del sobrino

Die Lehrerinnen des Neffen: Las maestras del sobrino.

Die Lehrerinnen der Neffen: Las maestras de los sobrinos.

Una chulada… ¿a que sí?

Más ejemplos: En español, para decir quién escucha a quién usaríamos "al", "a la", "a los", "a las". Por ejemplo, "El sobrino escucha a la maestra". El verbo alemán equivalente a *escuchar* vamos a dar por bueno que es *hören*, cuyo presente de indicativo es

Ich höre.......Yo escucho

Du hörst.......Tú escuchas

Er/sie/es hört.......Él/ella/(ello) escucha

Man hört...... Se escucha

Wir hören.......Nosotros escuchamos

Ihr hört.......Vosotros(as) escucháis

Sie/Sie hören.......Ellos(as)/Usted(es) escuchan

Sólo nos falta saber si en este caso corresponde usar el dativo o el acusativo. En realidad, depende de cada verbo y de cada preposición saber si rige dativo o si rige acusativo, y NO SIEMPRE coincide con el concepto "*Complemento indirecto, Complemento directo*". Pero…

Fiándote de esta regla te equivocarás MUY POCAS veces. REGLA: "Si puedes poner la frase en pasiva, usa el acusativo; y si no, el dativo". No acertarás el cien por cien de las veces porque el alemán es un idioma lleno de enigmas insondables, pero acertarás CASI siempre.

El sobrino escucha a la maestra. ¿Se puede poner en pasiva? Claro que sí: La maestra es escuchada por el sobrino. Pues ya no hay duda: "La maestra" debe estar en acusativo. Así...

Der Neffe hört die Lehrerin: El sobrino escucha a la maestra.

De igual modo...

Die Neffen hören die Lehrerin: Los sobrinos escuchan a la maestra.

Die Lehrerinnen hören die Neffen: Las maestras escuchan a los sobrinos.

Die Lehrerin hört den Neffen: La maestra escucha al sobrino.

Die Lehrerinnen hören den Neffen: Las maestras escuchan al sobrino.

¿Cómo dices? Que te están entrando unas ganas locas de matricularte en una academia de alemán... ¡No me extraña! Es que este asunto de las declinaciones enamora a cualquiera. Yo, como tuve una sobredosis de declinaciones gracias al Latín de 2º de BUP, veo el asunto de otra manera; digamos que lo veo... sin ansiedad.

2º Dos verbos fundamentales

Sea el que sea el idioma que te pongas a estudiar, tendrás que aprenderte los verbos SER y HABER. "Être y avoir" en francés; "To be y to have" en inglés; "Sum" en latín... En alemán corresponde a los verbos SEIN (el único que no acaba en EN) y HABEN.

I.- En presente quedarían así:

Ich bin.......Yo soy/estoy

Du bist.......Tú eres/estás

Er/sie/es ist.......Él/ella/(ello) es/está

Man ist...... Se es/se está

Wir sind.......Nosotros somos/estamos

Ihr seid.......Vosotros(as) sois/estáis

Sie/Sie sind.......Ellos(as)/Usted(es) son/están

Ich habe.......Yo he/tengo

Du hast.......Tú has/tienes

Er/sie/es hat.......Él/ella/(ello) ha/tiene

Man hat...... Se tiene

Wir haben.......Nosotros habemos/tenemos

Ihr habt.......Vosotros(as) habéis/tenéis

Sie/Sie haben.......Ellos(as)/Usted(es) han/tienen

II.- En pasado, así:

*Ich war.......*Yo era/fui/estaba/estuve

*Du warst.......*Tú eras/./estuviste

*Er/sie/es war.......*Él/ella/(ello) era/./estuvo

Man war...... Se era/se estuvo

*Wir waren.......*Nosotros fuimos/./estuvimos

*Ihr wart.......*Vosotros(as) fuisteis/./estuvisteis

*Sie/Sie waren.......*E fueron/./estuvieron

*Ich hatte.......*Yo había/hube/tenía/tuve

*Du hattest.......*Tú habías/./tuviste

*Er/sie/es hatte.......*Él/ella/(ello) había/./tuvo

Man hatte...... Se tenía

*Wir hatten.......*Nosotros habíamos/./tuvimos

*Ihr hattet.......*Vosotros(as) habíais/./tuvisteis

Sie/Sie hatten....... E habían/./tuvieron

III.- En futuro (se añade WERDEN) así:

*Ich werde sein.......*Yo seré/estaré

*Du wirst sein.......*Tú serás/estarás

*Er/sie/es wird sein.......*Él/ella/(ello) será/estará

Man wird sein.... Se será/se estará

*Wir werden sein.......*N seremos/estaremos

*Ihr werdet sein.......*V seréis/estaréis

*Sie/Sie werden sein......*E serán/estarán

Ich werde haben.......Yo habré/tendré

Du wirst haben.......Tú habrás/tendrás

Er/sie/es wird haben.......Él/ella/(ello) habrá/tendrá

Man wird haben...... Se tendrá

Wir werden haben.......N habremos/tendremos

Ihr werdet haben.......V habréis/ tendréis

Sie/Sie werden haben......E habrán/tendrán

IV.- En condicional (se añade WÜRDEN) así:

Würde, würdest, würde, würden, würdet, würden...

donde estaba el verbo auxiliar WERDEN.

Si le preguntásemos a alguien neutral, diría que los verbos son más difíciles de memorizar en español que en alemán. Y eso sin necesidad de sacar a relucir los verbos irregulares: en inglés hay un puñado; en alemán, puñado y medio; en español, hay verbos irregulares para dar y regalar. Nosotros alucinamos con las declinaciones alemanas o con la ortografía inglesa; los extranjeros alucinan con nuestros verbos.

3º Más asuntos verbales

Esta regla funciona con MUCHOS verbos: "Si al infinitivo le cambiamos la terminación EN por una T y le añadimos el prefijo GE, obtenemos el participio pasado.

Por ejemplo:

KAUFEN es el verbo comprar......comprado: *gekauft*

Ich habe gekauft.....He comprado

Du hast gekauft....Has comprado

Si quieres concretar qué objeto has comprado, recuerda que *gekauft* se pone lo último. Así...

Wir haben einen Buch gekauft...Hemos comprado un libro.

Der Lehrer hat diesen Auto gekauft....El maestro ha comprado ese coche.

Die Frau hat einen Hut gekauft... La señora ha comprado un sombrero.

Para negar, pueden usarse dos modos: "La señora no ha comprado un sombrero". *Die Frau hat keinen Hut gekauft*...oder... *Die Frau hat einen Hut nicht gekauft.*

Kein/keine niega al sustantivo (ningún sombrero); *nicht* niega al verbo. En español, para desesperación de los que se dedican a la lógica matemática, se ponen AMBAS negaciones en la misma frase: "Yo NO he comprado NINGÚN sombrero". Para ingleses, alemanes... matemáticos, quedaría más claro que hablásemos así: "Yo NO he comprado sombrero alguno".

Otro ejemplo:

HÖREN es el verbo escuchar... escuchado: *gehört*

Du hast mich gehört... Tú me has escuchado (Literal: Tú has a mí escuchado)

Ich habe dich gehört...Yo te he escuchado (Literal: Yo he a ti escuchado)

Sie haben dich gehört... Ellos te han escuchado.

Sie hat dich gehört... Ella te ha escuchado.

Ihr habt mich nicht gehört... No me habéis escuchado.

Sie haben mich nicht gehört... Usted no me ha escuchado.

Du hast uns nicht gehört… No nos has escuchado.

Er hat uns gehört… Él nos ha escuchado.

Ich habe euch gehört…Os he escuchado. (Literal: Yo he a vosotros escuchado)

Una gozada, ¿verdad que sí? Pues la gozada completa consiste en irte a vivir quince o veinte días a un sitio donde TODOS hablan de esta manera tan curiosa.

"Are you ready to go to Germany?" Ay, perdón, se ve que mi subconsciente prefiere volver a terreno conocido[21], en lugar de enfrentarse a los enigmas del idioma alemán; quería decir…

"Bis du bereit, nach Deutschland zu gehen?"

"Bis du bereit, …¿Estás listo(a)

nach …hacia   **Deutschland** …Alemania

zu …para   **gehen?"** …ir?

Por cierto… ¿Y esa coma tan fuera de sitio? No está fuera de sitio. Lo estaría en español. En español escribimos las subordinadas sin una coma delante: "Yo pienso que se debe escribir así". Pero en alemán sería "Yo pienso, (coma) que así escribir se debe".

O sea que, además de todo lo anterior, dominar el idioma alemán implica acostumbrarse a ordenar las palabras como el Maestro Yoda y *reaprender* dónde las comas ponerse deben. Fantástico. Otro aliciente para lanzarse a estudiar este idioma tan…. lleno de misterios.

---

[21] Los psicólogos lo llaman "zona de confort"; el conjunto de actividades en el que te sientes cómodo, que ya tienes dominadas, que no te suponen un reto. Cuanto más tiempo estás dentro de la zona de confort, más te vas pareciendo a Homer Simpson. ¡Venga, sal fuera! Haz paracaidismo, pinta un óleo, estudia alemán…

4º Hacer y querer.

El verbo "Hacer" es MACHEN. Aquí no hay dudas:

*Ich mache.......*Yo hago

*Du machst.......*Tú haces

*Er/sie/es macht.......*Él/ella/(ello) hace

Man macht...... Se hace

*Wir machen.......*Nosotros hacemos

*Ihr macht.......*Vosotros(as) hacéis

*Sie/Sie machen.......*Ellos(as)/Usted(es) hacen

*Ich habe gemacht.......*Yo he hecho

De donde resultan expresiones muy usuales, sobre todo las dos primeras

Was machst du?..... ¿Qué haces?

Was machen Sie?.....¿Qué hace usted?

Was machen sie?.....¿Qué hacen ellos?

Was macht sie?......¿Qué hace ella?

Was macht ihr?.....¿Qué hacéis?

El verbo "Querer" sí que puede dar lugar a dudas porque puede traducirse de tres maneras: WOLLEN (querer conseguir algo en el futuro; por ejemplo, aprobar el C1 de Portugués), puede traducirse LIEBEN (querer a alguien, en el sentido en que los españoles usamos la expresión "te quiero" cuando el sentido real es "te amo") y puede traducirse MÖGEN (quiero algo tangible porque me gusta; por ejemplo, quiero una Cerveza noruega o un chalet en Segovia). De todas formas, en español existe el mismo matiz: WOLLEN sería "Esperar que, confiar en lograr que...), LIEBEN sería "Amar" y MÖGEN sería "Desear, gustar, apetecer..."). El presente quedaría (ya sabes completarlo... y sabes poner las mayúsculas...)

ich will	ich liebe	ich mag
du willst	du libst	du magst
er will	er libt	er mag
wir wollen	wir lieben	wir mögen
ihr wollt	ihr liebt	ihr mögt
sie wollen	sie wollen	sie mögen

Cuando se pide algo en una tienda, ya hemos visto que se usa la expresión

Ich möchte ()... Yo quisiera ()

Wir möchten ()..... Quisiéramos ()

En lugar de ***Ich mag, wir mögen.***

Suena más educado, más correcto, más comedido. Si entras en una tienda y dices

Ich mag eine Rotwein Flasche!

Claro que el tendero entiende "Quiero una botella de tinto", pero suena más o menos así "Que me des una botella de tinto, pringao". Recuerda la fórmula educada:

Ich möchte eine Rotwein Flasche, bitte.

Y el tendero te servirá la botella con una sonrisa y pensando "Pronuncia el alemán muy mal pero, chico, hay que ver la buena intención que pone".

14.– UN POCO DE HUMOR.

Voy a demostrarte que leyendo este manual has aprendido más alemán del que te piensas. Te lo voy a demostrar con unos chistes: antes de leerlo te habrían parecido indescifrables. Ahí van... Aunque no entiendas las frases al pie de la letra, seguro que pillas la idea. ¡No leas la traducción sin intentarlo!

Da war eine Spinne!!
Aber keine Sorge: ich habe sie eliminiert.

Pinkeln unter der Dusche?
Machen doch älle.
Aber nicht im Baumarkt.
HILBRING

ACHTUNG HUND!
BRIEFTRÄGER
EINBRECHER
AUTOREIFEN
KATZEN

WAS MACHEN SIE DA?
ICH FOTO-GRAFIERE MEIN ESSEN FÜR FACE-BOOK.

1.- Qué pena. No es más que pudding.

2.- ESCUELA PARA ANALFABETOS. "No se imparten clases desde hoy."

3.- ¡Había una araña! Pero no os preocupéis... la he eliminado.

4.- "¿Mearse en la ducha? Lo hacen todos." "Pero no en la tienda."

5.- CUIDADO CON EL PERRO. El contador marca "Carteros, ladrones, neumáticos, gatos..."

6.- "¿Qué está haciendo?" "Le saco fotos a la comida para facebook"

7.- "Mi primera cita a ciegas. ¿Y para usted?" "Para mí, la última."

15.- ACABANDO.

La primera vez que mi media naranja y yo nos atrevimos a visitar Francia en plan turista de camping, hicimos nuestra primera parada en Oloron Sainte Marie, donde empezamos con algo muy fácil: pedir un café, un café con leche *et deux croissants*. La segunda parada – después de dudar si éramos capaces de cruzar Pau o si nos perdíamos dentro – la hicimos en Mirande, rumbo a Auch. Allí, en mi primera conversación con un habitante de las Galias, y queriendo advertirle de que mi nivel de francés en aquel momento no era gran cosa – ahora tampoco – quise decir "***Je parle le français très mal***" (Hablo el francés muy mal) y lo que solté por mi boquita fue "***Je parle le français très malade***" (Hablo el francés muy enfermo). Aquel amable lugareño se limitó a poner cara de *"Pobre hombre... ¿De dónde habrá salido?"* y el resto de la conversación nos habló súper-despacio y vocalizando cada letra.

Un rato más tarde, sentados en un restaurante de carretera, y después de habernos comido (cada uno) una ensalada y una especie de tortilla con jamón y setas, vimos que el camarero se nos acercaba con la bandeja y pensamos "Será que nos trae dos cafés". En lugar de dos cafés, nos sirvió dos truchas mutantes de la talla XXL. "Oiga, buen señor, nosotros no hemos pedido este par de monstruos". Más mal que bien, nos acabó explicando que sí, que las habíamos pedido, que las dos truchas estaban incluidas en el menú elegido, y que luego venía flan y helado. Ay... ¡Qué bien se come en Francia! A los pocos días, en un pueblo espectacular que se llama Les Eyzies de Tayac, nos atizaron dos platos de sopa de guisante que no éramos conscientes de haber pedido ni de haber visto en la carta. ¿Y se nos quitaron las ganas de viajar? Para nada.

Al verano siguiente, volvimos a coger la tienda de campaña de dos plazas y nos fuimos al camping municipal de Le Croisic. Cuando ya teníamos la tienda terminada de montar y el equipaje aproximadamente ordenado, apareció un señor en camiseta de tirantes que se puso a gritarnos y a dedicarnos una serie de gestos raros, señalaba la tienda, luego señalaba al pueblo, que se veía allá a lo lejos, luego volvía a chillarnos... "Este es el loco del pueblo", pensaba yo mientras echaba mano a una llave inglesa que llevo en el maletero y me la escondía poniendo las manos a la espalda... "Si se acerca más le atizo..." Cuando se cansó de gritarnos sin que le entendiésemos ni papa, se dio la vuelta y se fue refunfuñando. Ya llevábamos tres días acampados, tan felices, solos en medio de una enorme pradera, sin nadie cerca que nos diese la tabarra, cuando comprendimos lo que aquel buen hombre intentaba advertirnos: "Habíamos acampado fuera del camping; nos habíamos salido de los límites del camping, del pueblo y del municipio". ¿Y se nos quitaron las ganas de viajar? Ni pizca.

Al año siguiente, acampados en otro camping, esta vez al lado de La Rochelle, ocurrió una tarde algo bastante inusual: me entraron ganas de darme una ducha completamente fuera de mi horario normal, que es justo antes de cenar (muchos años de entrenar por la tarde, crean hábito). Pongamos que fuesen las cinco de la tarde... Cogí el bote de gel y una toalla y me fui al edificio de las duchas. Y allí estaba yo, tan ricamente debajo del agua, desnudo como es normal al ducharse, frotándome el pelo (entonces tenía más), con los ojos llenos de espuma, cuando un sexto sentido me dijo que allí pasaba algo raro: había demasiado silencio. Me aclaré la cara, abrí los ojos... Cuatro o cinco mujeres estaban paralizadas en la puerta, mirándome con los ojos como platos... Vale que entonces no tenía michelines, pero... Tampoco era como para que me mirasen así. Y estando enjabonado de pies a cabeza vi los baldosines de color rosa y caí en la cuenta: estaba en las duchas de señoras. Intenté irme rapidito, sí, pero primero tenía que aclararme... en el sentido físico y en el figurado. ¿Y se me quitaron las ganas de viajar? Va a ser que no.

Algunos años después, siendo cinco en lugar de dos, descubrimos en **Bad Ems** un rincón perfecto para dedicar la última media hora de la tarde a una actividad que a la gente menuda – enigmas de la psicología infantil – le resulta muy placentera: echar migas de pan a los patos del río. Durante dos tardes ejercimos de cebadores de patos junto a un cartel de contenido inescrutable. A la tercera tarde, con los patos fuera del río, brincando a nuestro alrededor y montando un show que debía oírse en todo el pueblo, se nos iluminó la mente: "Prohibido dar de comer a los patos bajo multa de 300 euros". La **polizei** tenía un cuartelillo a dos calles de distancia. Yo creo que no nos pusieron la multa por pena.

Ese mismo verano, en **Aachen**, después de habernos pateado media ciudad, nos metimos en una pizzería a reponer fuerzas. En la carta, me llamó la atención una cosa que se llamaba **Pizza-Bombe**. La Pizza-Bombe resultó ser una pareja de pizzas tamaño familiar, servidas una al derecho y otra al revés, como si fuesen las dos rebanadas de un sándwich. *"Dios mío, ¿qué habrá en medio?"* Respuesta: un poco de tomate, un poco de carne picada y cinco o seis docenas de guindillas picantes; perdón, quise decir muy picantes. ¿Y se nos han quitado las ganas de viajar? En absoluto.

Estas historietas... ¿tienen moraleja? Claro que sí: cuando viajas al extranjero, puedes fijarte en multitud de detalles que te rompen los esquemas: si pides un Martini en Francia te lo sirven caliente; a los belgas les parece normal que la carta de cervezas ocupe ocho páginas y para comer sólo haya pepinillos y queso; en Suiza, los días festivos consisten en que cada uno se encierre en su casa, dejando las ciudades tan desoladas como un escenario de película post-apocalíptica; en Holanda, es más fácil comprarse un porro ya hecho y listo para prenderle fuego que una lata de Heineken; en Luxemburgo están las aceras de la calle más fregadas y refregadas que el pasillo de mi casa; y, por supuesto, puedes fijarte en lo raro que hablan, desde el italiano, que se entendería bastante bien si hablasen despacio, hasta el húngaro o el danés, que son tan herméticos como la inscripción del Anillo Único, redactada en la Lingua Nigra de Mordor,

que debería leerse más o menos así:

"Ash Nazg durbatulûk, ash Nazg gimbatul, ash Nazg thrakatulûk agh burzum-ishi krimpatul."

y cuya traducción oficial es:

"Ein Ring sie zu knechten, Ein Ring sie zu finden, Ein Ring sie ins Dunkel zu treiben und ewig zu binden."

" Un Anillo para gobernarlos a todos. Un Anillo para encontrarlos, un Anillo para atraerlos a todos y atarlos en las tinieblas."

En realidad, para diseñar la Lingua Nigra, Tolkien[22] no se basó ni en el danés ni en el húngaro, sino en el noruego, según dijo él mismo; aunque hay quien insiste en que a lo único que se parece es al hitita.

¿Y la moraleja? Por muchas diferencias que quieras nombrar, la verdad siempre será esta: en lo esencial somos iguales, desde los franceses, que he nombrado los primeros, hasta los noruegos, que he nombrado los últimos. La justificación de lo dicho, voy a redactarla desde mi condición de humano masculino: todos ponemos la mano en el fuego por nuestras mujeres o nuestros hijos, todos estamos dispuestos a emprender otra chapuza casera aunque ya hayamos roto dos persianas y una lámpara, todos gritamos cuando nuestra selección le mete un gol a la del vecino... ¡Viaja sin miedo! No vas a encontrarte con seres de otra dimensión; vas a encontrarte humanos como tú que, simplemente, tienen costumbres distintas y hablan un poco raro.

Cuando estés con ellos, usa sus palabras; si quieres agua di "*Wasser o water o de l'eau o auja o acqua o vand o Voda o lo que sea que digan ellos*", si ves que a una planta extraña la llaman "*Nabiza o majroe o neppe*

---

[22] *Tolkien era profesor de "Anglosajón antiguo" en la Universidad de Oxford. Dicen de él que dominaba trece idiomas y tenía nociones de más de treinta. Pero debía parecerle poco, porque uno de sus pasatiempos favoritos era inventarse idiomas imaginarios. Así, el primer paso fue la invención de idiomas, algunos de ellos con un amplísimo vocabulario y con una gramática completamente acabada y coherente: el sildarin, el quenya, el khuzdul; posteriormente, se inventó personajes para que los hablasen: los Orcos, los Elfos, los Enanos; después se inventó un mundo para que dichos personajes vivieran en él: la Tierra Media. Finalmente, elaboró una historia: "El Señor de los Anillos". Si me pidiesen una lista de los libros que han marcado mi vida, "**Der Herr der Ringe**" estaría en ella.*

o Rübbe", pues tú llámala igual, no te avergüences, habla, escucha cómo pronuncian sus palabras, intenta imitar la música de sus frases, el tono, el ritmo, habla como ellos, convive con ellos, prueba el Martini caliente, cómete un plato de pepinillos con queso, equivócate de ducha, atrévete con una pizza-bomba, comparte doscientas cervezas aunque se te difumine la vista, acepta trucha mutante como postre inesperado, grita con ellos cuando metan un gol...

Y al final, sencillamente, di Tschüss.

Tschüss!!

AGRADECIMIENTO

Muchas gracias por haber leído el libro "NOS VEMOS EN ALEMANIA". *Vielen dank.*

Si te animas a visitar alguno de sus *Länder*, y especialmente si mi libro ha tenido parte de culpa en tu decisión, puedes enviarme un correo a

elescritorensulaberinto@gmail.com.

Espero leer cosas del tipo "No sabes cómo me alegro de haberme atrevido a subir a la *Kehlsteinhaus* con mi amiga Ana; y eso que nos pasamos un buen rato mareadas... Estuvo bien. Hicimos una gran amistad con los dos estudiantes de medicina que estaban en el puesto de socorro. Dentro de un rato nos vamos los cuatro a cenar a una Pizzería. Firmado: Patricia."

O del tipo "Me encantó la visita a la fábrica *Weihenstephan*... Lo malo fue volver al hotel: me costó Dios y ayuda encontrarlo. Era como si se hubiera hecho de noche. Muy de noche. Firmado: Carlos."

Gracias y un abrazo.

MANUEL SANTOS VARELA

OTROS TÍTULOS DEL AUTOR
(En breve, estarán todos en Amazon...)

LAS LUNAS INVISIBLES
(Mención Especial del Jurado, Premio UPC 2004)

Un descenso en la luminosidad solar pone al borde de la extinción tanto a los humanos como a los extraños seres fotosintéticos que habitan Marte. Unos y otros intentarán salvarse como sea. Y por falta de imaginación no será.

HORUS
(Mención Especial del Jurado, Premio UPC 2012)

La industria espacial, la biotecnología y el Antiguo Egipto se dan la mano en esta novela. Puede parecer una mezcla muy sorprendente, pero la verdadera sorpresa es la que nos espera al leer el final. Si quieres leer el final más asombroso de las últimas XX dinastías, no te pierdas HORUS.

ACCESO RESTRINGIDO
(Finalista, Premio ASTRO de Ficción Científica 2010)

El comandante Will Collins dispone de un equipo de doce hombres para montar una base polar permanente en el planeta Mercurio. Aunque la tarea es muy difícil, cabe pensar en el éxito de la misma porque cuentan con los últimos avances en tecnología y con un perfil de misión estudiado hasta el más mínimo detalle. Pero lo inesperado siempre está ahí, al acecho...

SIETE PUENTES

Carmen Martínez, una mujer policía recién salida de la Academia, deberá investigar el asesinato de un joven estudiante, al que han apuñalado en su casa sin motivo alguno.

Max Bert, un detective privado que se gana la vida resolviendo pequeñeces, es contratado para buscar y capturar a un fugado extremadamente peligroso.

El caso de Carmen Martínez transcurre a finales del siglo XX. El caso de Max Bert transcurre a comienzos del siglo XXIII. No parece posible que ambos casos puedan acabar siendo uno solo, ¿verdad que no?

LA JAULA DE LOS MONOS

Es normal que tres o cuatro veces a lo largo de tu vida hayas intentado imaginarte un "Campo de concentración". Si por la noche podías dormir, es que te lo estabas imaginando mal. Vuelve a intentarlo después de haber leído LA JAULA DE LOS MONOS. Si no logras conciliar el sueño, es que te lo estás empezando a imaginar correctamente.

NO PIENSES EN LA BELLA DURMIENTE

Naves espaciales, robots, ordenadores inteligentes, laboratorios clandestinos, colonos viviendo en Marte, científicos, médicos, inventores, policías, inmigrantes, traficantes de drogas, castillos con monstruos en el foso, guerreros, princesas en peligro, dragones, gigantes, maestros de la espada, justas, torneos, monjes, mazmorras, reyes, brujos, arqueros, escuelas de magia, hechizos... ¿Todo junto en la misma novela? ¡Eso no hay quien se lo crea!

LA BIBLIOTECA DE LOS CISNES NEGROS

Seis amigos se ponen de acuerdo para escribir una novela un tanto extraña, que constará de seis libros. Escribirá un libro cada uno, de modo que siendo exponente del género literario favorito de su autor, se las ingenie a la vez para recapitular los libros precedentes. Habida cuenta de que entre los seis amigos hay uno aficionado a la ciencia ficción, otro al terror, otro a los clásicos latinos y griegos, otro a la novela policiaca, otro a los autores hispanoamericanos y un sexto que por encima de todo admira a Cervantes pero que se pasa la vida escudriñando textos religiosos, resulta que quien escriba el primer libro puede hacerlo como le plazca pero quien se encargue del sexto se enfrenta a una labor imposible.

LA BIBLIOTECA DE LOS CISNES NEGROS, con sus casi mil doscientas páginas en DIN A4, incluye dichos seis libros, más de una veintena de cuentos y mucho, mucho más.

También puedes visitar su blog:

elescritorensulaberinto.blogspot.com.es

Made in the USA
Monee, IL
07 July 2026